BIRMAN
VOCABULAIRE

POUR L'AUTOFORMATION

FRANÇAIS
BIRMAN

Les mots les plus utiles
Pour enrichir votre vocabulaire et aiguiser
vos compétences linguistiques

5000 mots

Vocabulaire Français-Birman pour l'autoformation - 5000 mots
Par Andrey Taranov

Les dictionnaires T&P Books ont pour but de vous aider à apprendre, à mémoriser et à réviser votre vocabulaire en langue étrangère. Ce dictionnaire thématique couvre tous les grands domaines du quotidien: l'économie, les sciences, la culture, etc ...

Acquérir du vocabulaire avec les dictionnaires thématiques T&P Books vous offre les avantages suivants:

- Les données d'origine sont regroupées de manière cohérente, ce qui vous permet une mémorisation lexicale optimale
- La présentation conjointe de mots ayant la même racine vous permet de mémoriser des groupes sémantiques entiers (plutôt que des mots isolés)
- Les sous-groupes sémantiques vous permettent d'associer les mots entre eux de manière logique, ce qui facilite votre consolidation du vocabulaire
- Votre maîtrise de la langue peut être évaluée en fonction du nombre de mots acquis

Copyright © 2019 T&P Books Publishing

Tous droits réservés. Sans permission écrite préalable des éditeurs, toute reproduction ou exploitation partielle ou intégrale de cet ouvrage est interdite, sous quelque forme et par quelque procédé (électronique ou mécanique) que ce soit, y compris la photocopie, l'enregistrement ou le recours à un système de stockage et de récupération des données.

T&P Books Publishing
www.tpbooks.com

ISBN: 978-1-83955-051-5

Ce livre existe également en format électronique.
Pour plus d'informations, veuillez consulter notre site: www.tpbooks.com ou rendez-vous sur ceux des grandes librairies en ligne.

VOCABULAIRE BIRMAN POUR L'AUTOFORMATION
Dictionnaire thématique

Les dictionnaires T&P Books ont pour but de vous aider à apprendre, à mémoriser et à réviser votre vocabulaire en langue étrangère. Ce lexique présente, de façon thématique, plus de 5000 mots les plus fréquents de la langue.

- Ce livre comporte les mots les plus couramment utilisés
- Son usage est recommandé en complément de l'étude de toute autre méthode de langue
- Il répond à la fois aux besoins des débutants et à ceux des étudiants en langues étrangères de niveau avancé
- Il est idéal pour un usage quotidien, des séances de révision ponctuelles et des tests d'auto-évaluation
- Il vous permet de tester votre niveau de vocabulaire

Spécificités de ce dictionnaire thématique:

- Les mots sont présentés de manière sémantique, et non alphabétique
- Ils sont répartis en trois colonnes pour faciliter la révision et l'auto-évaluation
- Les groupes sémantiques sont divisés en sous-groupes pour favoriser l'apprentissage
- Ce lexique donne une transcription simple et pratique de chaque mot en langue étrangère

Ce dictionnaire comporte 155 thèmes, dont:

les notions fondamentales, les nombres, les couleurs, les mois et les saisons, les unités de mesure, les vêtements et les accessoires, les aliments et la nutrition, le restaurant, la famille et les liens de parenté, le caractère et la personnalité, les sentiments et les émotions, les maladies, la ville et la cité, le tourisme, le shopping, l'argent, la maison, le foyer, le bureau, la vie de bureau, l'import-export, le marketing, la recherche d'emploi, les sports, l'éducation, l'informatique, l'Internet, les outils, la nature, les différents pays du monde, les nationalités, et bien d'autres encore …

TABLE DES MATIÈRES

Guide de prononciation	9
Abréviations	10

CONCEPTS DE BASE — 11
Concepts de base. Partie 1 — 11

1. Les pronoms — 11
2. Adresser des vœux. Se dire bonjour. Se dire au revoir — 11
3. Comment s'adresser à quelqu'un — 12
4. Les nombres cardinaux. Partie 1 — 12
5. Les nombres cardinaux. Partie 2 — 13
6. Les nombres ordinaux — 14
7. Les nombres. Fractions — 14
8. Les nombres. Opérations mathématiques — 14
9. Les nombres. Divers — 15
10. Les verbes les plus importants. Partie 1 — 15
11. Les verbes les plus importants. Partie 2 — 16
12. Les verbes les plus importants. Partie 3 — 17
13. Les verbes les plus importants. Partie 4 — 18
14. Les couleurs — 19
15. Les questions — 19
16. Les prépositions — 20
17. Les mots-outils. Les adverbes. Partie 1 — 20
18. Les mots-outils. Les adverbes. Partie 2 — 22

Concepts de base. Partie 2 — 24

19. Les jours de la semaine — 24
20. Les heures. Le jour et la nuit — 24
21. Les mois. Les saisons — 25
22. Les unités de mesure — 27
23. Les récipients — 28

L'HOMME — 29
L'homme. Le corps humain — 29

24. La tête — 29
25. Le corps humain — 30

Les vêtements & les accessoires — 31

26. Les vêtements d'extérieur — 31
27. Men's & women's clothing — 31

28. Les sous-vêtements	32
29. Les chapeaux	32
30. Les chaussures	32
31. Les accessoires personnels	33
32. Les vêtements. Divers	33
33. L'hygiène corporelle. Les cosmétiques	34
34. Les montres. Les horloges	35

Les aliments. L'alimentation — 36

35. Les aliments	36
36. Les boissons	37
37. Les légumes	38
38. Les fruits. Les noix	39
39. Le pain. Les confiseries	40
40. Les plats cuisinés	40
41. Les épices	41
42. Les repas	42
43. Le dressage de la table	43
44. Le restaurant	43

La famille. Les parents. Les amis — 44

45. Les données personnelles. Les formulaires	44
46. La famille. Les liens de parenté	44

La médecine — 46

47. Les maladies	46
48. Les symptômes. Le traitement. Partie 1	47
49. Les symptômes. Le traitement. Partie 2	48
50. Les symptômes. Le traitement. Partie 3	49
51. Les médecins	50
52. Les médicaments. Les accessoires	50

L'HABITAT HUMAIN — 52
La ville — 52

53. La ville. La vie urbaine	52
54. Les institutions urbaines	53
55. Les enseignes. Les panneaux	54
56. Les transports en commun	55
57. Le tourisme	56
58. Le shopping	57
59. L'argent	58
60. La poste. Les services postaux	59

Le logement. La maison. Le foyer — 60

61. La maison. L'électricité	60

62. La villa et le manoir		60
63. L'appartement		60
64. Les meubles. L'intérieur		61
65. La literie		62
66. La cuisine		62
67. La salle de bains		63
68. Les appareils électroménagers		64

LES ACTIVITÉS HUMAINS — 65
Le travail. Les affaires. Partie 1 — 65

69. Le bureau. La vie de bureau		65
70. Les processus d'affaires. Partie 1		66
71. Les processus d'affaires. Partie 2		67
72. L'usine. La production		68
73. Le contrat. L'accord		69
74. L'importation. L'exportation		70
75. La finance		70
76. La commercialisation. Le marketing		71
77. La publicité		72
78. Les opérations bancaires		72
79. Le téléphone. La conversation téléphonique		73
80. Le téléphone portable		74
81. La papeterie		74
82. Les types d'activités économiques		75

Le travail. Les affaires. Partie 2 — 77

83. Les foires et les salons		77
84. La recherche scientifique et les chercheurs		78

Les professions. Les métiers — 80

85. La recherche d'emploi. Le licenciement		80
86. Les hommes d'affaires		80
87. Les métiers des services		81
88. Les professions militaires et leurs grades		82
89. Les fonctionnaires. Les prêtres		83
90. Les professions agricoles		83
91. Les professions artistiques		84
92. Les différents métiers		84
93. Les occupations. Le statut social		86

L'éducation — 87

94. L'éducation		87
95. L'enseignement supérieur		88
96. Les disciplines scientifiques		89
97. Le système d'écriture et l'orthographe		89
98. Les langues étrangères		90

Les loisirs. Les voyages   92

99. Les voyages. Les excursions   92
100. L'hôtel   92

LE MATÉRIEL TECHNIQUE. LES TRANSPORTS   94
Le matériel technique   94

101. L'informatique   94
102. L'Internet. Le courrier électronique   95
103. L'électricité   96
104. Les outils   96

Les transports   99

105. L'avion   99
106. Le train   100
107. Le bateau   101
108. L'aéroport   102

Les grands événements de la vie   104

109. Les fêtes et les événements   104
110. L'enterrement. Le deuil   105
111. La guerre. Les soldats   105
112. La guerre. Partie 1   107
113. La guerre. Partie 2   108
114. Les armes   110
115. Les hommes préhistoriques   111
116. Le Moyen Âge   112
117. Les dirigeants. Les responsables. Les autorités   113
118. Les crimes. Les criminels. Partie 1   114
119. Les crimes. Les criminels. Partie 2   115
120. La police. La justice. Partie 1   117
121. La police. La justice. Partie 2   118

LA NATURE   120
La Terre. Partie 1   120

122. L'espace cosmique   120
123. La Terre   121
124. Les quatre parties du monde   122
125. Les océans et les mers   122
126. Les noms des mers et des océans   123
127. Les montagnes   124
128. Les noms des chaînes de montagne   125
129. Les fleuves   125
130. Les noms des fleuves   126
131. La forêt   126
132. Les ressources naturelles   127

La Terre. Partie 2 — 129

133. Le temps — 129
134. Les intempéries. Les catastrophes naturelles — 130

La faune — 131

135. Les mammifères. Les prédateurs — 131
136. Les animaux sauvages — 131
137. Les animaux domestiques — 132
138. Les oiseaux — 133
139. Les poissons. Les animaux marins — 135
140. Les amphibiens. Les reptiles — 135
141. Les insectes — 136

La flore — 137

142. Les arbres — 137
143. Les arbustes — 137
144. Les fruits. Les baies — 138
145. Les fleurs. Les plantes — 139
146. Les céréales — 140

LES PAYS DU MONDE. LES NATIONALITÉS — 141

147. L'Europe de l'Ouest — 141
148. L'Europe Centrale et l'Europe de l'Est — 141
149. Les pays de l'ex-U.R.S.S. — 142
150. L'Asie — 142
151. L'Amérique du Nord — 143
152. L'Amérique Centrale et l'Amérique du Sud — 143
153. L'Afrique — 144
154. L'Australie et Océanie — 144
155. Les grandes villes — 144

GUIDE DE PRONONCIATION

Remarques

Le système de transcription 'The Myanmar Language Commission Transcription System' (MLCTS) est utilisé comme transcription dans ce livre.
Une description de ce système peut être trouvée ici:
https://en.wiktionary.org/wiki/Wiktionary:Burmese_transliteration
https://en.wikipedia.org/wiki/MLC_Transcription_System

ABRÉVIATIONS
employées dans ce livre

Abréviations en français

adj	-	adjective
adv	-	adverbe
anim.	-	animé
conj	-	conjonction
dénombr.	-	dénombrable
etc.	-	et cetera
f	-	nom féminin
f pl	-	féminin pluriel
fam.	-	familiar
fem.	-	féminin
form.	-	formal
inanim.	-	inanimé
indénombr.	-	indénombrable
m	-	nom masculin
m pl	-	masculin pluriel
m, f	-	masculin, féminin
masc.	-	masculin
math	-	mathematics
mil.	-	militaire
pl	-	pluriel
prep	-	préposition
pron	-	pronom
qch	-	quelque chose
qn	-	quelqu'un
sing.	-	singulier
v aux	-	verbe auxiliaire
v imp	-	verbe impersonnel
vi	-	verbe intransitif
vi, vt	-	verbe intransitif, transitif
vp	-	verbe pronominal
vt	-	verbe transitif

CONCEPTS DE BASE

Concepts de base. Partie 1

1. Les pronoms

je	ကျွန်ုပ်	kjunou'
tu	သင်	thin
il	သူ	thu
elle	သူမ	thu ma.
ça	၄င်း	jin:
nous	ကျွန်ုပ်တို့	kjunou' tou.
nous (masc.)	ကျွန်တော်တို့	kjun do. dou.
nous (fem.)	ကျွန်မတို့	kjun ma. tou.
vous	သင်တို့	thin dou.
vous (form., sing.)	သင်	thin
vous (form., pl)	သင်တို့	thin dou.
ils	သူတို့	thu dou.
elles	သူမတို့	thu ma. dou.

2. Adresser des vœux. Se dire bonjour. Se dire au revoir

Bonjour! (fam.)	မင်္ဂလာပါ	min ga. la ba
Bonjour! (form.)	မင်္ဂလာပါ	min ga. la ba
Bonjour! (le matin)	မင်္ဂလာနံနက်ခင်းပါ	min ga. la nan ne' gin: ba
Bonjour! (après-midi)	မင်္ဂလာနေ့လယ်ခင်းပါ	min ga. la nei. le gin: ba
Bonsoir!	မင်္ဂလာညနေခင်းပါ	min ga. la nja nei gin: ba
dire bonjour	နှုတ်ဆက်သည်	hnou' hsei' te
Salut!	ဟိုင်း	hain:
salut (m)	ဟလို	ha. lou
saluer (vt)	နှုတ်ဆက်သည်	hnou' hsei' te
Comment ça va?	နေကောင်းလား	nei gaun: la:
Comment allez-vous?	နေကောင်းပါသလား	nei gaun: ba dha la:
Quoi de neuf?	ဘာထူးသေးလဲ	ba du: dei: le:
Au revoir!	နောက်မှတွေ့ကြမယ်	nau' hma. dwei. gja. me
Au revoir! (form.)	ထွက်ခိုင်	gu' bain
Au revoir! (fam.)	တာတာ	ta. da
À bientôt!	မကြာခင်ပြန်ဆုံကြမယ်	ma gja. gin bjan zoun gja. me
Adieu! (fam.)	နှုတ်ဆက်ပါတယ်	hnou' hsei' pa de
Adieu! (form.)	နှုတ်ဆက်ပါတယ်	hnou' hsei' pa de
dire au revoir	နှုတ်ဆက်သည်	hnou' hsei' te
Salut! (À bientôt!)	တာတာ	ta. da

Merci!	ကျေးဇူးတင်ပါတယ်	kjei: zu: din ba de
Merci beaucoup!	ကျေးဇူးအများကြီးတင်ပါတယ်	kjei: zu: amja: kji: din ba de
Je vous en prie	ရပါတယ်	ja. ba de
Il n'y a pas de quoi	ကိစ္စမရှိပါဘူး	kei. sa ma. shi. ba bu:
Pas de quoi	ရပါတယ်	ja. ba de
Excuse-moi!	ဆောရီးနော်	hso: ji: no:
Excusez-moi!	တောင်းပန်ပါတယ်	thaun: ban ba de
excuser (vt)	ခွင့်လွှတ်သည်	khwin. hlu' te
s'excuser (vp)	တောင်းပန်သည်	thaun: ban de
Mes excuses	တောင်းပန်ပါတယ်	thaun: ban ba de
Pardonnez-moi!	ခွင့်လွှတ်ပါ	khwin. hlu' pa
pardonner (vt)	ခွင့်လွှတ်သည်	khwin. hlu' te
C'est pas grave	ကိစ္စမရှိပါဘူး	kei. sa ma. shi. ba bu:
s'il vous plaît	ကျေးဇူးပြု၍	kjei: zu: pju. i.
N'oubliez pas!	မမေ့ပါနဲ့	ma. mei. ba ne.
Bien sûr!	ရတာပေါ့	ja. da bo.
Bien sûr que non!	မဟုတ်တာသေချာတယ်	ma hou' ta dhei gja de
D'accord!	သဘောတူတယ်	dhabo: tu de
Ça suffit!	တော်ပြီ	to bji

3. Comment s'adresser à quelqu'un

Excusez-moi!	ခွင့်ပြုပါ	khwin. bju. ba
monsieur	ဦး	u:
madame	ဒေါ်	do
madame (mademoiselle)	မိန်းကလေး	mein: ga. lei:
jeune homme	လူငယ်	lu nge
petit garçon	ကောင်ကလေး	keaagkle:
petite fille	ကောင်မလေး	kaun ma. lei:

4. Les nombres cardinaux. Partie 1

zéro	သုည	thoun nja.
un	တစ်	ti'
deux	နှစ်	hni'
trois	သုံး	thoun:
quatre	လေး	lei:
cinq	ငါး	nga:
six	ခြောက်	chau'
sept	ခုနှစ်	khun hni'
huit	ရှစ်	shi'
neuf	ကိုး	kou:
dix	တစ်ဆယ်	ti' hse
onze	တစ်ဆယ့်တစ်	ti' hse. ti'
douze	တစ်ဆယ့်နှစ်	ti' hse. hni'
treize	တစ်ဆယ့်သုံး	ti' hse. thoun:
quatorze	တစ်ဆယ့်လေး	ti' hse. lei:

quinze	တစ်ဆယ့်ငါး	ti' hse. nga:
seize	တစ်ဆယ့်ခြောက်	ti' hse. khau'
dix-sept	တစ်ဆယ့်ခုနစ်	ti' hse. khu ni'
dix-huit	တစ်ဆယ့်ရှစ်	ti' hse. shi'
dix-neuf	တစ်ဆယ့်ကိုး	ti' hse. gou:
vingt	နှစ်ဆယ်	hni' hse
vingt et un	နှစ်ဆယ့်တစ်	hni' hse. ti'
vingt-deux	နှစ်ဆယ့်နှစ်	hni' hse. hni'
vingt-trois	နှစ်ဆယ့်သုံး	hni' hse. thuan:
trente	သုံးဆယ်	thoun: ze
trente et un	သုံးဆယ့်တစ်	thoun: ze. di'
trente-deux	သုံးဆယ့်နှစ်	thoun: ze. hni'
trente-trois	သုံးဆယ့်သုံး	thoun: ze. dhoun:
quarante	လေးဆယ်	lei: hse
quarante et un	လေးဆယ့်တစ်	lei: hse. ti'
quarante-deux	လေးဆယ့်နှစ်	lei: hse. hni'
quarante-trois	လေးဆယ့်သုံး	lei: hse. thaun:
cinquante	ငါးဆယ်	nga: ze
cinquante et un	ငါးဆယ့်တစ်	nga: ze di'
cinquante-deux	ငါးဆယ့်နှစ်	nga: ze hni'
cinquante-trois	ငါးဆယ့်သုံး	nga: ze dhoun:
soixante	ခြောက်ဆယ်	chau' hse
soixante et un	ခြောက်ဆယ့်တစ်	chau' hse. di'
soixante-deux	ခြောက်ဆယ့်နှစ်	chau' hse. hni'
soixante-trois	ခြောက်ဆယ့်သုံး	chau' hse. dhoun:
soixante-dix	ခုနစ်ဆယ်	khun hni' hse.
soixante et onze	ခုနစ်ဆယ့်တစ်	qunxcy•tx
soixante-douze	ခုနစ်ဆယ့်နှစ်	khun hni' hse. hni
soixante-treize	ခုနစ်ဆယ့်သုံး	khu. ni' hse. dhoun:
quatre-vingts	ရှစ်ဆယ်	shi' hse
quatre-vingt et un	ရှစ်ဆယ့်တစ်	shi' hse. ti'
quatre-vingt deux	ရှစ်ဆယ့်နှစ်	shi' hse. hni'
quatre-vingt trois	ရှစ်ဆယ့်သုံး	shi' hse. dhun:
quatre-vingt-dix	ကိုးဆယ်	kou: hse
quatre-vingt et onze	ကိုးဆယ့်တစ်	kou: hse. ti'
quatre-vingt-douze	ကိုးဆယ့်နှစ်	kou: hse. hni'
quatre-vingt-treize	ကိုးဆယ့်သုံး	kou: hse. dhaun:

5. Les nombres cardinaux. Partie 2

cent	တစ်ရာ	ti' ja
deux cents	နှစ်ရာ	hni' ja
trois cents	သုံးရာ	thoun: ja
quatre cents	လေးရာ	lei: ja
cinq cents	ငါးရာ	nga: ja
six cents	ခြောက်ရာ	chau' ja

sept cents	ခုနစ်ရာ	khun hni' ja
huit cents	ရှစ်ရာ	shi' ja
neuf cents	ကိုးရာ	kou: ja
mille	တစ်ထောင်	ti' htaun
deux mille	နှစ်ထောင်	hni' taun
trois mille	သုံးထောင်	thoun: daun
dix mille	တစ်သောင်း	ti' thaun:
cent mille	တစ်သိန်း	ti' thein:
million (m)	တစ်သန်း	ti' than:
milliard (m)	ဘီလီယံ	bi li jan

6. Les nombres ordinaux

premier (adj)	ပထမ	pahtama.
deuxième (adj)	ဒုတိယ	du. di. ja.
troisième (adj)	တတိယ	tati. ja.
quatrième (adj)	စတုတ္ထ	zadou' hta.
cinquième (adj)	ပဉ္စမ	pjin sama.
sixième (adj)	ဆဋ္ဌမ	hsa. htama.
septième (adj)	သတ္တမ	tha' tama.
huitième (adj)	အဋ္ဌမ	a' htama.
neuvième (adj)	နဝမ	na. wa. ma.
dixième (adj)	ဒသမ	da dha ma

7. Les nombres. Fractions

fraction (f)	အပိုင်းကိန်း	apain: gein:
un demi	နှစ်ပိုင်းတစ်ပိုင်း	hni' bain: di' bain:
un tiers	သုံးပိုင်းတစ်ပိုင်း	thoun: bain: di' bain:
un quart	လေးပိုင်းတစ်ပိုင်း	lei: bain: ti' pain:
un huitième	ရှစ်ပိုင်းတစ်ပိုင်း	shi' bain: di' bain:
un dixième	ဆယ်ပိုင်းတစ်ပိုင်း	hse bain: da' bain:
deux tiers	သုံးပိုင်းနှစ်ပိုင်း	thoun: bain: hni' bain:
trois quarts	လေးပိုင်းသုံးပိုင်း	lei: bain: dhoun: bain:

8. Les nombres. Opérations mathématiques

soustraction (f)	နုတ်ခြင်း	nou' khjin:
soustraire (vt)	နုတ်သည်	nou' te
division (f)	စားခြင်း	sa: gjin:
diviser (vt)	စားသည်	sa: de
addition (f)	ပေါင်းခြင်း	paun: gjin:
additionner (vt)	ပေါင်းသည်	paun: de
ajouter (vt)	ထပ်ပေါင်းသည်	hta' paun: de
multiplication (f)	မြှောက်ခြင်း	hmjau' chin:
multiplier (vt)	မြှောက်သည်	hmjau' de

9. Les nombres. Divers

chiffre (m)	ကိန်းဂဏန်း	kein: ga nan:
nombre (m)	ကိန်း	kein:
adjectif (m) numéral	ဂဏန်းအက္ခရာ	ganan: e' kha ja
moins (m)	အနုတ်	ahnou'
plus (m)	အပေါင်း	apaun:
formule (f)	ပုံသေနည်း	poun dhei ne:
calcul (m)	တွက်ချက်ခြင်း	twe' che' chin:
compter (vt)	ရေတွက်သည်	jei dwe' te
calculer (vt)	ရေတွက်သည်	jei dwe' te
comparer (vt)	နှိုင်းယှဉ်သည်	hnain: shin de
Combien?	ဘယ်လောက်လဲ	be lau' le:
somme (f)	ပေါင်းလဒ်	paun: la'
résultat (m)	ရလဒ်	jala'
reste (m)	အကြွင်း	akjwin:
quelques ...	အချို့	achou.
peu de ...	အနည်းငယ်	ane: nge
reste (m)	ကျန်သော	kjan de.
un et demi	တစ်ခုခွဲ	ti' khu. khwe:
douzaine (f)	ဒါဇင်	da zin
en deux (adv)	တစ်ဝက်စီ	ti' we' si
en parties égales	ညီတူညီမျှ	nji du nji hmja.
moitié (f)	တစ်ဝက်	ti' we'
fois (f)	ကြိမ်	kjein

10. Les verbes les plus importants. Partie 1

aider (vt)	ကူညီသည်	ku nji de
aimer (qn)	ချစ်သည်	chi' te
aller (à pied)	သွားသည်	thwa: de
apercevoir (vt)	သတိထားမိသည်	dhadi. da: mi. de
appartenir à ...	ပိုင်ဆိုင်သည်	pain zain de
appeler (au secours)	ခေါ်သည်	kho de
attendre (vt)	စောင့်သည်	saun. de
attraper (vt)	ဖမ်းသည်	hpan: de
avertir (vt)	သတိပေးသည်	dhadi. pei: de
avoir (vt)	ရှိသည်	shi. de
avoir confiance	ယုံကြည်သည်	joun kji de
avoir faim	ဗိုက်ဆာသည်	bai' hsa de
avoir peur	ကြောက်သည်	kjau' te
avoir soif	ရေဆာသည်	jei za de
cacher (vt)	ဖုံးကွယ်သည်	hpoun: gwe de
casser (briser)	ဖျက်ဆီးသည်	hpje' hsi: de
cesser (vt)	ရပ်သည်	ja' te
changer (vt)	ပြောင်းလဲသည်	pjaun: le: de

chasser (animaux)	အမဲလိုက်သည်	ame: lai' de
chercher (vt)	ရှာသည်	sha de
choisir (vt)	ရွေးသည်	jwei: de
commander (~ le menu)	မှာသည်	hma de

commencer (vt)	စတင်သည်	sa. tin de
comparer (vt)	နှိုင်းယှဉ်သည်	hnain: shin de
comprendre (vt)	နားလည်သည်	na: le de
compter (dénombrer)	ရေတွက်သည်	jei dwe' te
compter sur ...	အားကိုးသည်	a: kou: de

confondre (vt)	ရောထွေးသည်	jo: dwei: de
connaître (qn)	သိသည်	thi. de
conseiller (vt)	အကြံပေးသည်	akjan bei: de
continuer (vt)	ဆက်လုပ်သည်	hse' lou' te
contrôler (vt)	ထိန်းချုပ်သည်	htein: gjou' te

courir (vi)	ပြေးသည်	pjei: de
coûter (vt)	ကုန်ကျသည်	koun kja de
créer (vt)	ဖန်တီးသည်	hpan di: de
creuser (vt)	တူးသည်	tu: de
crier (vi)	အော်သည်	o de

11. Les verbes les plus importants. Partie 2

décorer (~ la maison)	အလှဆင်သည်	ahla. zin dhe
défendre (vt)	ကာကွယ်သည်	ka gwe de
déjeuner (vi)	နေ့လယ်စာစားသည်	nei. le za za de
demander (~ l'heure)	မေးသည်	mei: de
demander (de faire qch)	တောင်းဆိုသည်	taun: hsou: de

descendre (vi)	ဆင်းသည်	hsin: de
deviner (vt)	မှန်းဆသည်	hman za de
dîner (vi)	ညစာစားသည်	nja. za za: de
dire (vt)	ပြောသည်	pjo: de
diriger (~ une usine)	ညွှန်ကြားသည်	hnjun gja: de
discuter (vt)	ဆွေးနွေးသည်	hswe: nwe: de

donner (vt)	ပေးသည်	pei: de
donner un indice	အရိပ်အမြွက်ပေးသည်	aji' ajmwe' pei: de
douter (vt)	သံသယဖြစ်သည်	than thaja. bji' te
écrire (vt)	ရေးသည်	jei: de
entendre (bruit, etc.)	ကြားသည်	ka: de

entrer (vi)	ဝင်သည်	win de
envoyer (vt)	ပို့သည်	pou. de
espérer (vi)	မျှော်လင့်သည်	hmjo. lin. de
essayer (vt)	စမ်းကြည့်သည်	san: kji. de
être (~ fatigué)	ဖြစ်နေသည်	hpji' nei de

être (~ médecin)	ဖြစ်သည်	hpji' te
être d'accord	သဘောတူသည်	dhabo: tu de
être nécessaire	အလိုရှိသည်	alou' shi. de
être pressé	လောသည်	lo de

étudier (vt)	သင်ယူလေ့လာသည်	thin ju lei. la de
excuser (vt)	ခွင့်လွှတ်သည်	khwin. hlu' te
exiger (vt)	တိုက်တွန်းသည်	tai' tun: de
exister (vi)	တည်ရှိသည်	ti shi. de
expliquer (vt)	ရှင်းပြသည်	shin: bja. de
faire (vt)	ပြုလုပ်သည်	pju. lou' te
faire tomber	ဖြုတ်ချသည်	hpjou' cha. de
finir (vt)	ပြီးသည်	pji: de
garder (conserver)	ထိန်းထားသည်	htein: da: de
gronder, réprimander (vt)	ဆူသည်	hsu. de
informer (vt)	အကြောင်းကြားသည်	akjaun: kja: de
insister (vi)	တိုက်တွန်းပြောဆိုသည်	tou' tun: bjo: zou de
insulter (vt)	စော်ကားသည်	so ga: de
inviter (vt)	ဖိတ်သည်	hpi' de
jouer (s'amuser)	ကစားသည်	gaza: de

12. Les verbes les plus importants. Partie 3

libérer (ville, etc.)	လွတ်မြောက်စေသည်	lu' mjau' sei de
lire (vi, vt)	ဖတ်သည်	hpa' te
louer (prendre en location)	ငှားသည်	hnga: de
manquer (l'école)	ပျက်ကွက်သည်	pje' kwe' te
menacer (vt)	ခြိမ်းခြောက်သည်	chein: gjau' te
mentionner (vt)	ဖော်ပြသည်	hpjo bja. de
montrer (vt)	ပြသည်	pja. de
nager (vi)	ရေကူးသည်	jei ku: de
objecter (vt)	ငြင်းသည်	njin: de
observer (vt)	စောင့်ကြည့်သည်	saun. gji. de
ordonner (mil.)	အမိန့်ပေးသည်	amin. bei: de
oublier (vt)	မေ့သည်	mei. de
ouvrir (vt)	ဖွင့်သည်	hpwin. de
pardonner (vt)	ခွင့်လွှတ်သည်	khwin. hlu' te
parler (vi, vt)	ပြောသည်	pjo: de
participer à …	ပါဝင်သည်	pa win de
payer (régler)	ပေးချေသည်	pei: gjei de
penser (vi, vt)	ထင်သည်	htin de
permettre (vt)	ခွင့်ပြုသည်	khwin bju. de
plaire (être apprécié)	ကြိုက်သည်	kjai' de
plaisanter (vi)	စနောက်သည်	sanau' te
planifier (vt)	စီစဉ်သည်	si zin de
pleurer (vi)	ငိုသည်	ngou de
posséder (vt)	ပိုင်ဆိုင်သည်	pain zain de
pouvoir (v aux)	တတ်နိုင်သည်	ta' nain de
préférer (vt)	ပိုကြိုက်သည်	pou gjai' te
prendre (vt)	ယူသည်	ju de
prendre en note	ရေးထားသည်	jei: da: de
prendre le petit déjeuner	နံနက်စာစားသည်	nan ne' za za: de

préparer (le dîner)	ချက်ပြုတ်သည်	che' pjou' te
prévoir (vt)	ကြိုမြင်သည်	kjou mjin de
prier (~ Dieu)	ရှိခိုးသည်	shi. gou: de
promettre (vt)	ကတိပေးသည်	gadi pei: de
prononcer (vt)	အသံထွက်သည်	athan dwe' te
proposer (vt)	အဆိုပြုသည်	ahsou bju. de
punir (vt)	အပြစ်ပေးသည်	apja' pei: de

13. Les verbes les plus importants. Partie 4

recommander (vt)	အကြံပြုထောက်ခံသည်	akjan pju htau' khan de
regretter (vt)	နောင်တရသည်	naun da. ja. de
répéter (dire encore)	ထပ်လုပ်သည်	hta' lou' te
répondre (vi, vt)	ဖြေသည်	hpjei de
réserver (une chambre)	မှာသည်	hma de
rester silencieux	နှုတ်ဆိတ်သည်	hnou' hsei' te
réunir (regrouper)	ပေါင်းစည်းသည်	paun: ze: de
rire (vi)	ရယ်သည်	je de
s'arrêter (vp)	ရပ်သည်	ja' te
s'asseoir (vp)	ထိုင်သည်	htain de
sauver (la vie à qn)	ကယ်ဆယ်သည်	ke ze de
savoir (qch)	သိသည်	thi. de
se baigner (vp)	ရေကူးသည်	jei ku: de
se plaindre (vp)	တိုင်ပြောသည်	tain bjo: de
se refuser (vp)	ငြင်းဆန်သည်	njin: zan de
se tromper (vp)	မှားသည်	hma: de
se vanter (vp)	ကြွားသည်	kjwa: de
s'étonner (vp)	အံ့ဩသည်	an. o. de
s'excuser (vp)	တောင်းပန်သည်	thaun: ban de
signer (vt)	လက်မှတ်ထိုးသည်	le' hma' htou: de
signifier (vt)	ဆိုလိုသည်	hsou lou de
s'intéresser (vp)	စိတ်ဝင်စားသည်	sei' win za: de
sortir (aller dehors)	ထွက်သည်	htwe' te
sourire (vi)	ပြုံးသည်	pjoun: de
sous-estimer (vt)	လျှော့တွက်သည်	sho. dwe' de
suivre … (suivez-moi)	လိုက်သည်	lai' te
tirer (vi)	ပစ်သည်	pi' te
tomber (vi)	ကျဆင်းသည်	kja zin: de
toucher (avec les mains)	ကိုင်သည်	kain de
tourner (~ à gauche)	ကွေ့သည်	kwei. de
traduire (vt)	ဘာသာပြန်သည်	ba dha bjan de
travailler (vi)	အလုပ်လုပ်သည်	alou' lou' te
tromper (vt)	လိမ်ပြောသည်	lain bjo: de
trouver (vt)	ရှာတွေ့သည်	sha dwei. de
tuer (vt)	သတ်သည်	tha' te
vendre (vt)	ရောင်းသည်	jaun: de
venir (vi)	ရောက်သည်	jau' te

voir (vt)	မြင်သည်	mjin de
voler (avion, oiseau)	ပျံသန်းသည်	pjan dan: de
voler (qch à qn)	ခိုးသည်	khou: de
vouloir (vt)	လိုချင်သည်	lou gjin de

14. Les couleurs

couleur (f)	အရောင်	ajaun
teinte (f)	အသွေးအဆင်း	athwei: ahsin:
ton (m)	အရောင်အသွေး	ajaun athwei;
arc-en-ciel (m)	သက်တံ	the' tan
blanc (adj)	အဖြူရောင်	ahpju jaun
noir (adj)	အနက်ရောင်	ane' jaun
gris (adj)	မဲရောင်	khe: jaun
vert (adj)	အစိမ်းရောင်	asain: jaun
jaune (adj)	အဝါရောင်	awa jaun
rouge (adj)	အနီရောင်	ani jaun
bleu (adj)	အပြာရောင်	apja jaun
bleu clair (adj)	အပြာနုရောင်	apja nu. jaun
rose (adj)	ပန်းရောင်	pan: jaun
orange (adj)	လိမ္မော်ရောင်	limmo jaun
violet (adj)	ခရမ်းရောင်	khajan: jaun
brun (adj)	အညိုရောင်	anjou jaun
d'or (adj)	ရွှေရောင်	shwei jaun
argenté (adj)	ငွေရောင်	ngwei jaun
beige (adj)	ဝါညိုနုရောင်	wa njou nu. jaun
crème (adj)	နို့နှင့်ရောင်	nou. hni' jaun
turquoise (adj)	စိမ်းပြာရောင်	sein: bja jaun
rouge cerise (adj)	ချယ်ရီရောင်	che ji jaun
lilas (adj)	ခရမ်းဖျော့ရောင်	khajan: bjo. jaun
framboise (adj)	ကြက်သွေးရောင်	kje' thwei: jaun
clair (adj)	အရောင်ဖျော့သော	ajaun bjo. de.
foncé (adj)	အရောင်ရင့်သော	ajaun jin. de.
vif (adj)	တောက်ပသော	tau' pa. de.
de couleur (adj)	အရောင်ရှိသော	ajaun shi. de.
en couleurs (adj)	ရောင်စုံ	jau' soun
noir et blanc (adj)	အဖြူအမည်း	ahpju ame:
unicolore (adj)	တစ်ရောင်တည်းရှိသော	ti' jaun te: shi. de.
multicolore (adj)	အရောင်စုံသော	ajaun zoun de.

15. Les questions

Qui?	ဘယ်သူလဲ	be dhu le:
Quoi?	ဘာလဲ	ba le:
Où? (~ es-tu?)	ဘယ်မှာလဲ	be hma le:

Où? (~ vas-tu?)	ဘယ်ကိုလဲ	be gou le:
D'où?	ဘယ်ကလဲ	be ga. le:
Quand?	ဘယ်တော့လဲ	be do. le:
Pourquoi? (~ es-tu venu?)	ဘာအတွက်လဲ	ba atwe' le:
Pourquoi? (~ t'es pâle?)	ဘာကြောင့်လဲ	ba gjaun. le:
À quoi bon?	ဘာအတွက်လဲ	ba atwe' le:
Comment?	ဘယ်လိုလဲ	be lau le:
Quel? (à ~ prix?)	ဘယ်လိုမျိုးလဲ	be lau mjou: le:
Lequel?	ဘယ်ဟာလဲ	be ha le:
À qui? (pour qui?)	ဘယ်သူ့ကိုလဲ	be dhu. gou le:
De qui?	ဘယ်သူ့အကြောင်းလဲ	be dhu. kjaun: le:
De quoi?	ဘာအကြောင်းလဲ	ba akjain: le:
Avec qui?	ဘယ်သူနဲ့လဲ	be dhu ne. le:
Combien?	ဘယ်လောက်လဲ	be lau' le:
À qui?	ဘယ်သူ့	be dhu.

16. Les prépositions

avec (~ toi)	နဲ့အတူ	ne. atu
sans (~ sucre)	မပါဘဲ	ma. ba be:
à (aller ~ ...)	သို့	thou.
de (au sujet de)	အကြောင်း	akjaun:
avant (~ midi)	မတိုင်မီ	ma. dain mi
devant (~ la maison)	ရှေ့မှာ	shei. hma
sous (~ la commode)	အောက်မှာ	au' hma
au-dessus de ...	အပေါ်မှာ	apo hma
sur (dessus)	အပေါ်	apo
de (venir ~ Paris)	မှ	hma.
en (en bois, etc.)	ဖြင့်	hpjin.
dans (~ deux heures)	နောက်	nau'
par dessus	ဖြတ်လျက်	hpja' lje'

17. Les mots-outils. Les adverbes. Partie 1

Où? (~ es-tu?)	ဘယ်မှာလဲ	be hma le:
ici (c'est ~)	ဒီမှာ	di hma
là-bas (c'est ~)	ဟိုမှာ	hou hma.
quelque part (être)	တစ်နေရာရာမှာ	ti' nei ja ja hma
nulle part (adv)	ဘယ်မှာမှ	be hma hma.
près de ...	နားမှာ	na: hma
près de la fenêtre	ပြတင်းပေါက်နားမှာ	badin: pau' hna: hma
Où? (~ vas-tu?)	ဘယ်ကိုလဲ	be gou le:
ici (Venez ~)	ဒီဘက်ကို	di be' kou
là-bas (j'irai ~)	ဟိုဘက်ကို	hou be' kou

d'ici (adv)	ဒီဘက်မှ	di be' hma
de là-bas (adv)	ဟိုဘက်မှ	hou be' hma.
près (pas loin)	နီးသည်	ni: de
loin (adv)	အဝေးမှာ	awei: hma
près de (~ Paris)	နားမှာ	na: hma
tout près (adv)	ဘေးမှာ	bei: hma
pas loin (adv)	မနီးမဝေး	ma. ni ma. wei:
gauche (adj)	ဘယ်	be
à gauche (être ~)	ဘယ်ဘက်မှာ	be be' hma
à gauche (tournez ~)	ဘယ်ဘက်	be be'
droit (adj)	ညာဘက်	nja be'
à droite (être ~)	ညာဘက်မှာ	nja be' hma
à droite (tournez ~)	ညာဘက်	nja be'
devant (adv)	ရှေ့မှာ	shei. hma
de devant (adj)	ရှေ့	shei.
en avant (adv)	ရှေ့	shei.
derrière (adv)	နောက်မှာ	nau' hma
par derrière (adv)	နောက်က	nau' ka.
en arrière (regarder ~)	နောက်	nau'
milieu (m)	အလယ်	ale
au milieu (adv)	အလယ်မှာ	ale hma
de côté (vue ~)	ဘေးမှာ	bei: hma
partout (adv)	နေရာတိုင်းမှာ	nei ja dain: hma
autour (adv)	ပတ်လည်မှာ	pa' le hma
de l'intérieur	အထဲမှ	a hte: hma.
quelque part (aller)	တစ်နေရာရာကို	ti' nei ja ja gou
tout droit (adv)	တိုက်ရိုက်	tai' jai'
en arrière (revenir ~)	အပြန်	apjan
de quelque part (n'import d'où)	တစ်နေရာရာမှ	ti' nei ja ja hma.
de quelque part (on ne sait pas d'où)	တစ်နေရာရာမှ	ti' nei ja ja hma.
premièrement (adv)	ပထမအနေဖြင့်	pahtama. anei gjin.
deuxièmement (adv)	ဒုတိယအနေဖြင့်	du. di. ja. anei bjin.
troisièmement (adv)	တတိယအနေဖြင့်	tati. ja. anei bjin.
soudain (adv)	မတော်တဆ	ma. do da. za.
au début (adv)	အစမှာ	asa. hma
pour la première fois	ပထမဆုံး	pahtama. zoun:
bien avant ...	မတိုင်ခင် အတော်လေး အလိုက	ma. dain gin ato lei: alou ga.
de nouveau (adv)	အသစ်တဖန်	athi' da. ban
pour toujours (adv)	အမြဲတမ်း	amje: dan:
jamais (adv)	ဘယ်တော့မှ	be do hma.
de nouveau, encore (adv)	တဖန်	tahpan

maintenant (adv)	အခုတော့	akhu dau.
souvent (adv)	ခဏခဏ	khana. khana.
alors (adv)	ထိုသို့ဖြစ်လျှင်	htou dhou. bji' shin
d'urgence (adv)	အမြန်	aman
d'habitude (adv)	ပုံမှန်	poun hman
à propos, ...	စကားမစပ်	zaga: ma. za'
c'est possible	ဖြင်နိုင်သည်	hpjin nain de
probablement (adv)	ဖြစ်နိုင်သည်	hpji' nein de
peut-être (adv)	ဖြစ်နိုင်သည်	hpji' nein de
en plus, ...	ဒါအပြင်	da. apjin
c'est pourquoi ...	ဒါကြောင့်	da gjaun.
malgré ...	သော်လည်း	tho lei:
grâce à ...	ကြောင့်	kjaun.
quoi (pron)	ဘာ	ba
que (conj)	ဟု	hu
quelque chose (Il m'est arrivé ~)	တစ်ခုခု	ti' khu. gu.
quelque chose (peut-on faire ~)	တစ်ခုခု	ti' khu. gu.
rien (m)	ဘာမှ	ba hma.
qui (pron)	ဘယ်သူ	be dhu.
quelqu'un (on ne sait pas qui)	တစ်ယောက်ယောက်	ti' jau' jau'
quelqu'un (n'importe qui)	တစ်ယောက်ယောက်	ti' jau' jau'
personne (pron)	ဘယ်သူမှ	be dhu hma.
nulle part (aller ~)	ဘယ်ကိုမှ	be gou hma.
de personne	ဘယ်သူမှမပိုင်သော	be dhu hma ma. bain de.
de n'importe qui	တစ်ယောက်ယောက်ရဲ့	ti' jau' jau' je.
comme ça (adv)	ဒီလို	di lou
également (adv)	ထို့ပြင်လည်း	htou. bjin le:
aussi (adv)	လည်းဘဲ	le: be:

18. Les mots-outils. Les adverbes. Partie 2

Pourquoi?	ဘာကြောင့်လဲ	ba gjaun. le:
pour une certaine raison	တစ်ခုခုကြောင့်	ti' khu. gu. gjaun.
parce que ...	အဘယ်ကြောင့်ဆိုသော်	abe gjo:n. zou dho
pour une raison quelconque	တစ်ခုခုအတွက်	ti' khu. gu. atwe'
et (conj)	နှင့်	hnin.
ou (conj)	သို့မဟုတ်	thou. ma. hou'
mais (conj)	ဒါပေမဲ့	da bei me.
pour ... (prep)	အတွက်	atwe'
trop (adv)	အလွန်	alun
seulement (adv)	သာ	tha
précisément (adv)	အတိအကျ	ati. akja.
près de ... (prep)	ခန့်	khan.
approximativement	ခန့်မှန်းခြေအားဖြင့်	khan hman: gjei a: bjin.
approximatif (adj)	ခန့်မှန်းခြေဖြစ်သော	khan hman: gjei bji' te.

presque (adv)	နီးပါး	ni: ba:
reste (m)	ကျန်သော	kjan de.
l'autre (adj)	တခြားသော	tacha: de.
autre (adj)	အခြားသော	apja: de.
chaque (adj)	တိုင်း	tain:
n'importe quel (adj)	မဆို	ma. zou
beaucoup de (dénombr.)	အမြောက်အများ	amjau' amja:
beaucoup de (indénombr.)	အများကြီး	amja: gji:
plusieurs (pron)	များစွာသော	mja: zwa de.
tous	အားလုံး	a: loun:
en échange de …	အစား	asa:
en échange (adv)	အစား	asa:
à la main (adv)	လက်ဖြင့်	le' hpjin.
peu probable (adj)	ဖြစ်နိုင်ခြေ နည်းသည်	hpji' nain gjei ni: de
probablement (adv)	ဖြစ်နိုင်သည်	hpji' nein de
exprès (adv)	တမင်	tamin
par accident (adv)	အမှတ်တမဲ့	ahma' ta. me.
très (adv)	သိပ်	thei'
par exemple (adv)	ဥပမာအားဖြင့်	upama a: bjin.
entre (prep)	ကြား	kja:
parmi (prep)	ကြားထဲတွင်	ka: de: dwin:
autant (adv)	ဒီလောက်	di lau'
surtout (adv)	အထူးသဖြင့်	a htu: dha. hjin.

Concepts de base. Partie 2

19. Les jours de la semaine

lundi (m)	တနင်္လာ	tanin: la
mardi (m)	အင်္ဂါ	in ga
mercredi (m)	ဗုဒ္ဓဟူး	bou' da. hu:
jeudi (m)	ကြာသပတေး	kja dha ba. dei:
vendredi (m)	သောကြာ	thau' kja
samedi (m)	စနေ	sanei
dimanche (m)	တနင်္ဂနွေ	tanin: ganwei
aujourd'hui (adv)	ယနေ့	ja. nei.
demain (adv)	မနက်ဖြန်	mane' bjan
après-demain (adv)	သဘက်ခါ	dhabe' kha
hier (adv)	မနေ့က	ma. nei. ka.
avant-hier (adv)	တနေ့က	ta. nei. ga.
jour (m)	နေ့	nei.
jour (m) ouvrable	ရုံးဖွင့်ရက်	joun: hpwin je'
jour (m) férié	ပွဲတော်ရက်	pwe: do je'
jour (m) de repos	ရုံးပိတ်ရက်	joun: bei' je'
week-end (m)	ရုံးပိတ်ရက်များ	joun: hpwin je' mja:
toute la journée	တနေ့လုံး	ta. nei. loun:
le lendemain	နောက်နေ့	nau' nei.
il y a 2 jours	လွန်ခဲ့သော နှစ်ရက်က	lun ge: de. hni' ja' ka.
la veille	အကြိုနေ့မှာ	akjou nei. hma
quotidien (adj)	နေ့စဉ်	nei. zin
tous les jours	နေ့တိုင်း	nei dain:
semaine (f)	ရက်သတ္တပတ်	je' tha' daba'
la semaine dernière	ပြီးခဲ့တဲ့အပတ်က	pji: ge. de. apa' ka.
la semaine prochaine	လာမယ့်အပတ်မှာ	la. me. apa' hma
hebdomadaire (adj)	အပတ်စဉ်	apa' sin
chaque semaine	အပတ်စဉ်	apa' sin
2 fois par semaine	တစ်ပတ် နှစ်ကြိမ်	ti' pa' hni' kjein
tous les mardis	အင်္ဂါနေ့တိုင်း	in ga nei. dain:

20. Les heures. Le jour et la nuit

matin (m)	နံနက်ခင်း	nan ne' gin:
le matin	နံနက်ခင်းမှာ	nan ne' gin: hma
midi (m)	မွန်းတည့်	mun: de.
dans l'après-midi	နေ့လယ်စာစားချိန်ပြီးနောက်	nei. le za za: gjein bji: nau'
soir (m)	ညနေခင်း	nja. nei gin:
le soir	ညနေခင်းမှာ	nja. nei gin: hma

nuit (f)	ည	nja
la nuit	ညမှာ	nja hma
minuit (f)	သန်းခေါင်ယံ	than: gaun jan
seconde (f)	စက္ကန့်	se' kan.
minute (f)	မိနစ်	mi. ni'
heure (f)	နာရီ	na ji
demi-heure (f)	နာရီဝက်	na ji we'
un quart d'heure	ဆယ့်ငါးမိနစ်	hse. nga: mi. ni'
quinze minutes	၁၅ မိနစ်	ta' hse. nga: mi ni'
vingt-quatre heures	နှစ်ဆယ်လေးနာရီ	hni' hse lei: na ji
lever (m) du soleil	နေထွက်ချိန်	nei dwe' gjein
aube (f)	အာရုဏ်ဦး	a joun u:
point (m) du jour	နံနက်စောစော	nan ne' so: zo:
coucher (m) du soleil	နေဝင်ချိန်	nei win gjein
tôt le matin	နံနက်အစောပိုင်း	nan ne' aso: bain:
ce matin	ယနေ့နံနက်	ja. nei. nan ne'
demain matin	မနက်ဖြန်နံနက်	mane' bjan nan ne'
cet après-midi	ယနေ့နေ့လယ်	ja. nei. nei. le
dans l'après-midi	နေ့လယ်စာစားချိန်ပြီးနောက်	nei. le za za: gjein bji: nau'
demain après-midi	မနက်ဖြန်မွန်းလွဲပိုင်း	mane' bjan mun: lwe: bain:
ce soir	ယနေ့ညနေ	ja. nei. nja. nei
demain soir	မနက်ဖြန်ညနေ	mane' bjan nja. nei
à 3 heures précises	၃ နာရီတွင်	thoun: na ji dwin
autour de 4 heures	၄ နာရီခန့်တွင်	lei: na ji khan dwin
vers midi	၁၂ နာရီအရောက်	hse. hni' na ji ajau'
dans 20 minutes	နောက် မိနစ် ၂၀ မှာ	nau' mi. ni' hni' se hma
dans une heure	နောက်တစ်နာရီမှာ	nau' ti' na ji hma
à temps	အချိန်ကိုက်	achein kai'
… moins le quart	မတ်တင်း	ma' tin:
en une heure	တစ်နာရီအတွင်း	ti' na ji atwin:
tous les quarts d'heure	၁၅ မိနစ်တိုင်း	ta' hse. nga: mi ni' htain:
24 heures sur 24	၂၄ နာရီလုံး	hna' hse. lei: na ji

21. Les mois. Les saisons

janvier (m)	ဇန်နဝါရီလ	zan na. wa ji la.
février (m)	ဖေဖော်ဝါရီလ	hpei bo wa ji la
mars (m)	မတ်လ	ma' la.
avril (m)	ဧပြီလ	ei bji la.
mai (m)	မေလ	mei la.
juin (m)	ဇွန်လ	zun la.
juillet (m)	ဇူလိုင်လ	zu lain la.
août (m)	သြဂုတ်လ	o: gou' la.
septembre (m)	စက်တင်ဘာလ	sa' htin ba la.
octobre (m)	အောက်တိုဘာလ	au' tou ba la

novembre (m)	နိုဝင်ဘာလ	nou win ba la.
décembre (m)	ဒီဇင်ဘာလ	di zin ba la.
printemps (m)	နွေဦးရာသီ	nwei: u: ja dhi
au printemps	နွေဦးရာသီမှာ	nwei: u: ja dhi hma
de printemps (adj)	နွေဦးရာသီနှင့်ဆိုင်သော	nwei: u: ja dhi hnin. zain de.
été (m)	နွေရာသီ	nwei: ja dhi
en été	နွေရာသီမှာ	nwei: ja dhi hma
d'été (adj)	နွေရာသီနှင့်ဆိုင်သော	nwei: ja dhi hnin. zain de.
automne (m)	ဆောင်းဦးရာသီ	hsaun: u: ja dhi
en automne	ဆောင်းဦးရာသီမှာ	hsaun: u: ja dhi hma
d'automne (adj)	ဆောင်းဦးရာသီနှင့်ဆိုင်သော	hsaun: u: ja dhi hnin. zain de.
hiver (m)	ဆောင်းရာသီ	hsaun: ja dhi
en hiver	ဆောင်းရာသီမှာ	hsaun: ja dhi hma
d'hiver (adj)	ဆောင်းရာသီနှင့်ဆိုင်သော	hsaun: ja dhi hnin. zain de.
mois (m)	လ	la.
ce mois	ဒီလ	di la.
le mois prochain	နောက်လ	nau' la
le mois dernier	ယခင်လ	jakhin la.
il y a un mois	ပြီးခဲ့တဲ့တစ်လကျော်	pji: ge. de. di' la. gjo
dans un mois	နောက်တစ်လကျော်	nau' ti' la. gjo
dans 2 mois	နောက်နှစ်လကျော်	nau' hni' la. gjo
tout le mois	တစ်လလုံး	ti' la. loun:
tout un mois	တစ်လလုံး	ti' la. loun:
mensuel (adj)	လစဉ်	la. zin
mensuellement	လစဉ်	la. zin
chaque mois	လတိုင်း	la. dain:
2 fois par mois	တစ်လနှစ်ကြိမ်	ti' la. hni' kjein:
année (f)	နှစ်	hni'
cette année	ဒီနှစ်မှာ	di hna' hma
l'année prochaine	နောက်နှစ်မှာ	nau' hni' hnma
l'année dernière	ယခင်နှစ်မှာ	jakhin hni' hma
il y a un an	ပြီးခဲ့တဲ့တစ်နှစ်ကျော်က	pji: ge. de. di' hni' kjo ga.
dans un an	နောက်တစ်နှစ်ကျော်	nau' ti' hni' gjo
dans 2 ans	နောက်နှစ်နှစ်ကျော်	nau' hni' hni' gjo
toute l'année	တစ်နှစ်လုံး	ti' hni' loun:
toute une année	တစ်နှစ်လုံး	ti' hni' loun:
chaque année	နှစ်တိုင်း	hni' tain:
annuel (adj)	နှစ်စဉ်ဖြစ်သော	hni' san bji' te.
annuellement	နှစ်စဉ်	hni' san
4 fois par an	တစ်နှစ်လေးကြိမ်	ti' hni' lei: gjein
date (f) (jour du mois)	နေ့	nei. zwe:
date (f) (~ mémorable)	ရက်စွဲ	je' swe:
calendrier (m)	ပြက္ခဒိန်	pje' gadein
six mois	နှစ်ဝက်	hni' we'
semestre (m)	နှစ်ဝက်	hni' we'

saison (f)	ရာသီ	ja dhi
siècle (m)	ရာစု	jazu.

22. Les unités de mesure

poids (m)	အလေးချိန်	alei: gjein
longueur (f)	အရှည်	ashei
largeur (f)	အကျယ်	akje
hauteur (f)	အမြင့်	amjin.
profondeur (f)	အနက်	ane'
volume (m)	ထုထည်	du. de
aire (f)	အကျယ်အဝန်း	akje awun:
gramme (m)	ဂရမ်	ga ran
milligramme (m)	မီလီဂရမ်	mi li ga. jan
kilogramme (m)	ကီလိုဂရမ်	ki lou ga jan
tonne (f)	တန်	tan
livre (f)	ပေါင်	paun
once (f)	အောင်စ	aun sa.
mètre (m)	မီတာ	mi ta
millimètre (m)	မီလီမီတာ	mi li mi ta
centimètre (m)	စင်တီမီတာ	sin ti mi ta
kilomètre (m)	ကီလိုမီတာ	ki lou mi ta
mille (m)	မိုင်	main
pouce (m)	လက်မ	le' ma
pied (m)	ပေ	pei
yard (m)	ကိုက်	kou'
mètre (m) carré	စတုရန်းမီတာ	satu. jan: mi ta
hectare (m)	ဟက်တာ	he' ta
litre (m)	လီတာ	li ta
degré (m)	ဒီဂရီ	di ga ji
volt (m)	ဗို့	boi.
ampère (m)	အမ်ပီယာ	an bi ja
cheval-vapeur (m)	မြင်းကောင်ရေအား	mjin: gaun jei a:
quantité (f)	အရေအတွက်	ajei adwe'
un peu de ...	နည်းနည်း	ne: ne:
moitié (f)	တဝက်	ti' we'
douzaine (f)	ဒါဇင်	da zin
pièce (f)	ခု	khu.
dimension (f)	အတိုင်းအတာ	atain: ata
échelle (f) (de la carte)	စကေး	sakei:
minimal (adj)	အနည်းဆုံး	ane: zoun
le plus petit (adj)	အသေးဆုံး	athei: zoun:
moyen (adj)	အလယ်အလတ်	ale ala'
maximal (adj)	အများဆုံး	amja: zoun:
le plus grand (adj)	အကြီးဆုံး	akji: zoun:

23. Les récipients

bocal (m) en verre	ဖန်ဘူး	hpan bu:
boîte, canette (f)	သံဘူး	than bu:
seau (m)	ရေပုံး	jei boun:
tonneau (m)	စည်ပိုင်း	si bain:
bassine, cuvette (f)	ဇလုံ	za loun
cuve (f)	သံစည်	than zi
flasque (f)	အရက်ပုလင်းပြား	aje' pu lin: pja:
jerrican (m)	ဓာတ်ဆီပုံး	da' hsi boun:
citerne (f)	တိုင်ကီ	tain ki
tasse (f), mug (m)	မတ်ခွက်	ma' khwe'
tasse (f)	ခွက်	khwe'
soucoupe (f)	အောက်ခံပန်းကန်ပြား	au' khan ban: kan pja:
verre (m) (~ d'eau)	ဖန်ခွက်	hpan gwe'
verre (m) à vin	ဝိုင်ခွက်	wain gwe'
faitout (m)	ပေါင်းအိုး	paun: ou:
bouteille (f)	ပုလင်း	palin:
goulot (m)	ပုလင်းလည်ပင်း	palin: le bin:
carafe (f)	ဖန်ချိုင့်	hpan gjain.
pichet (m)	ကရား	kaja:
récipient (m)	အိုးခွက်	ou: khwe'
pot (m)	မြေအိုး	mjei ou:
vase (m)	ပန်းအိုး	pan: ou:
flacon (m)	ပုလင်း	palin:
fiole (f)	ပုလင်းကလေး	palin: galei:
tube (m)	ဘူး	bu:
sac (m) (grand ~)	ဂုန်နီအိတ်	goun ni ei'
sac (m) (~ en plastique)	အိတ်	ei'
paquet (m) (~ de cigarettes)	ဘူး	bu:
boîte (f)	စက္ကူဘူး	se' ku bu:
caisse (f)	သေတ္တာ	thi' ta
panier (m)	တောင်း	taun:

L'HOMME

L'homme. Le corps humain

24. La tête

tête (f)	ခေါင်း	gaun:
visage (m)	မျက်နှာ	mje' hna
nez (m)	နှာခေါင်း	hna gaun:
bouche (f)	ပါးစပ်	pa: zi'
œil (m)	မျက်စိ	mje' si.
les yeux	မျက်စိများ	mje' si. mja:
pupille (f)	သူငယ်အိမ်	thu nge ein
sourcil (m)	မျက်ခုံး	mje' khoun:
cil (m)	မျက်တောင်	mje' taun
paupière (f)	မျက်ခွံ	mje' khwan
langue (f)	လျှာ	sha
dent (f)	သွား	thwa:
lèvres (f pl)	နှုတ်ခမ်း	hna' khan:
pommettes (f pl)	ပါးရိုး	pa: jou:
gencive (f)	သွားဖုံး	thwahpoun:
palais (m)	အာခေါင်	a gaun
narines (f pl)	နှာခေါင်းပေါက်	hna gaun: bau'
menton (m)	မေးစေ့	mei: zei.
mâchoire (f)	မေးရိုး	mei: jou:
joue (f)	ပါး	pa:
front (m)	နဖူး	na. hpu:
tempe (f)	နားထင်	na: din
oreille (f)	နားရွက်	na: jwe'
nuque (f)	နောက်စေ့	nau' sei.
cou (m)	လည်ပင်း	le bin:
gorge (f)	လည်ချောင်း	le gjaun:
cheveux (m pl)	ဆံပင်	zabin
coiffure (f)	ဆံပင်ပုံစံ	zabin boun zan
coupe (f)	ဆံပင်ညှပ်သည့်ပုံစံ	zabin hnja' thi. boun zan
perruque (f)	ဆံပင်တု	zabin du.
moustache (f)	နှုတ်ခမ်းမွေး	hnou' khan: hmwei:
barbe (f)	မုတ်ဆိတ်မွေး	mou' hsei' hmwei:
porter (~ la barbe)	အရှည်ထားသည်	ashei hta: de
tresse (f)	ကျစ်ဆံမြီး	kji' zan mji:
favoris (m pl)	ပါးသိုင်းမွေး	pa: dhain: hmwei:
roux (adj)	ဆံပင်အနီရောင်ရှိသော	zabin ani jaun shi. de
gris, grisonnant (adj)	အရောင်ဖျော့သော	ajaun bjo. de

chauve (adj)	ထိပ်ပြောင်သော	htei' pjaun de.
calvitie (f)	ဆံပင်ကျွတ်နေသောနေရာ	zabin kju' nei dho nei ja
queue (f) de cheval	မြင်းမြီးပုံစံဆံပင်	mjin: mji: boun zan zan bin
frange (f)	ဆံရစ်	hsaji'

25. Le corps humain

main (f)	လက်	le'
bras (m)	လက်မောင်း	le' maun:
doigt (m)	လက်ချောင်း	le' chaun:
orteil (m)	ခြေချောင်း	chei gjaun:
pouce (m)	လက်မ	le' ma
petit doigt (m)	လက်သန်း	le' than:
ongle (m)	လက်သည်းခွံ	le' the: dou' tan zin:
poing (m)	လက်သီး	le' thi:
paume (f)	လက်ဝါး	le' wa:
poignet (m)	လက်ကောက်ဝတ်	le' kau' wa'
avant-bras (m)	လက်ဖျံ	le' hpjan
coude (m)	တံတောင်ဆစ်	daduan zi'
épaule (f)	ပခုံး	pakhoun:
jambe (f)	ခြေထောက်	chei htau'
pied (m)	ခြေထောက်	chei htau'
genou (m)	ဒူး	du:
mollet (m)	ခြေသလုံးကြွက်သား	chei dha. loun: gjwe' dha:
hanche (f)	တင်ပါး	tin ba:
talon (m)	ခြေဖနောင့်	chei ba. naun.
corps (m)	ခန္ဓာကိုယ်	khan da kou
ventre (m)	ဗိုက်	bai'
poitrine (f)	ရင်ဘတ်	jin ba'
sein (m)	နို့	nou.
côté (m)	နံပါး	nan ba:
dos (m)	ကျော	kjo:
reins (région lombaire)	ခါးအောက်ပိုင်း	kha: au' pain:
taille (f) (~ de guêpe)	ခါး	kha:
nombril (m)	ချက်	che'
fesses (f pl)	တင်ပါး	tin ba:
derrière (m)	နောက်ပိုင်း	nau' pain:
grain (m) de beauté	မှဲ့	hme.
tache (f) de vin	မွေးရာပါအမှတ်	mwei: ja ba ahma'
tatouage (m)	တက်တူး	te' tu:
cicatrice (f)	အမာရွတ်	ama ju'

Les vêtements & les accessoires

26. Les vêtements d'extérieur

vêtement (m)	အဝတ်အစား	awu' aza:
survêtement (m)	အပေါ်ဝတ်အင်္ကျီ	apo we' in: gji
vêtement (m) d'hiver	ဆောင်းတွင်းဝတ်အဝတ်အစား	hsaun; dwin; wu' awu' asa:
manteau (m)	ကုတ်အင်္ကျီရှည်	kou' akji shi
manteau (m) de fourrure	သားမွေးအနွေးထည်	tha: mwei: anwei: de
veste (f) de fourrure	အမွေးပွအပေါ်အင်္ကျီ	ahmwei pwa po akji.
manteau (m) de duvet	ငှက်မွေးကုတ်အင်္ကျီ	hnge' hmwei: kou' akji.
veste (f) (~ en cuir)	အပေါ်အင်္ကျီ	apo akji.
imperméable (m)	မိုးကာအင်္ကျီ	mou: ga akji
imperméable (adj)	ရေလုံသော	jei loun de.

27. Men's & women's clothing

chemise (f)	ရှပ်အင်္ကျီ	sha' in gji
pantalon (m)	ဘောင်းဘီ	baun: bi
jean (m)	ဂျင်းဘောင်းဘီ	gjin; bain; bi
veston (m)	အပေါ်အင်္ကျီ	apo akji.
complet (m)	အနောက်တိုင်းဝတ်စုံ	anau' tain: wu' saun
robe (f)	ဂါဝန်	ga wun
jupe (f)	စကတ်	saka'
chemisette (f)	ဘလောက်စ်အင်္ကျီ	ba. lau' s in: gji
veste (f) en laine	ကြယ်သီးပါသော အနွေးထည်	kje dhi: ba de. anwei: dhe
jaquette (f), blazer (m)	အပေါ်ဖုံးအင်္ကျီ	apo hpoun akji.
tee-shirt (m)	တီရှပ်	ti shi'
short (m)	ဘောင်းဘီတို	baun: bi dou
costume (m) de sport	အားကစားဝတ်စုံ	a: gaza: wu' soun
peignoir (m) de bain	ရေချိုးခန်းဝတ်စုံ	jei gjou: gan: wu' soun
pyjama (m)	ညအိပ်ဝတ်စုံ	nja a' wu' soun
chandail (m)	ဆွယ်တာ	hswe da
pull-over (m)	ဆွယ်တာ	hswe da
gilet (m)	ဝစ်ကုတ်	wi' kou'
queue-de-pie (f)	တေးလ်ကုတ်အင်္ကျီ	tei: l kou' in: gji
smoking (m)	ညစာစားပွဲဝတ်စုံ	nja. za za: bwe: wu' soun
uniforme (m)	တူညီဝတ်စုံ	tu nji wa' soun
tenue (f) de travail	အလုပ်ဝင် ဝတ်စုံ	alou' win wu' zoun
salopette (f)	စက်ရုံဝတ်စုံ	se' joun wu' soun
blouse (f) (d'un médecin)	ဂျူတီကုတ်	gju di gou'

28. Les sous-vêtements

sous-vêtements (m pl)	အတွင်းခံ	atwin: gan
boxer (m)	ယောက်ျား:ဝတ်အတွင်းခံ	jau' kja: wu' atwin: gan
slip (m) de femme	မိန်းကလေး:ဝတ်အတွင်းခံ	mein: galei: wa' atwin: gan
maillot (m) de corps	စွပ်ကျယ်	su' kje
chaussettes (f pl)	ခြေအိတ်များ	chei ei' mja:
chemise (f) de nuit	ညအိပ်ဂါဝန်ရှည်	nja a' ga wun she
soutien-gorge (m)	ဘရာစီယာ	ba ra si ja
chaussettes (f pl) hautes	ခြေအိတ်ရှည်	chei ei' shi
collants (m pl)	အသား:ကပ်-ဘောင်းဘီရှည်	atha: ka' baun: bi shei
bas (m pl)	စတော့ကင်	sato. kin
maillot (m) de bain	ရေကူး:ဝတ်စုံ	jei ku: wa' zoun

29. Les chapeaux

chapeau (m)	ဦးထုပ်	u: htou'
chapeau (m) feutre	ဦးထုပ်ပျော့	u: htou' pjo.
casquette (f) de base-ball	ရာထ:ဦးထုပ်	sha dou: u: dou'
casquette (f)	လူကြီး:ဆောင်:ဦးထုပ်ပြား	lu gji: zaun: u: dou' pja:
béret (m)	ဘယ်ရီဦးထုပ်	be ji u: htu'
capuche (f)	အကျီ:တွင်ပါသော ခေါင်းစွပ်	akji. twin pa dho: gaun: zu'
panama (m)	ဦးထုပ်အဝိုင်း	u: htou' awain:
bonnet (m) de laine	သိုး:မွေး:ခေါင်းစွပ်	thou: mwei: gaun: zu'
foulard (m)	ခေါင်း:စည်း:ပုဝါ	gaun: zi: bu. wa
chapeau (m) de femme	အမျိုး:သမီး:ဆောင်:ဦးထုပ်	amjou: dhami: zaun: u: htou'
casque (m) (d'ouvriers)	ဦးထုပ်အမာ	u: htou' ama
calot (m)	တပ်မတော်သုံး:ဦးထုပ်	ta' mado dhoun: u: dou'
casque (m) (~ de moto)	အမာစား:ဦးထုပ်	ama za: u: htou'
melon (m)	ဦးထုပ်လုံး	u: htou' loun:
haut-de-forme (m)	ဦးထုပ်မြင့်	u: htou' mjin.

30. Les chaussures

chaussures (f pl)	ဖိနပ်	hpana'
bottines (f pl)	ရှူး:ဖိနပ်	shu: hpi. na'
souliers (m pl) (~ plats)	မိန်းကလေး:စီး:ရှူး:ဖိနပ်	mein: galei: zi: shu: bi. na'
bottes (f pl)	လည်ရှည်ဖိနပ်	le she bi. na'
chaussons (m pl)	အိမ်တွင်း:စီး:ကွင်း:ထိုး:ဖိနပ်	ein dwin:
tennis (m pl)	အား:ကစား:ဖိနပ်	a: gaza: bana'
baskets (f pl)	ပတ္တူဖိနပ်	pa' tu bi. na'
sandales (f pl)	ကြိုး:ချိုင်း:ဖိနပ်	kjou: dhain: bi. na'
cordonnier (m)	ဖိနပ်ချုပ်သမား	hpana' chou' tha ma:
talon (m)	ဒေါက်	dau'

paire (f)	အစုံ	asoun.
lacet (m)	ဖိနပ်ကြိုး	hpana' kjou:
lacer (vt)	ဖိနပ်ကြိုးချည်သည်	hpana' kjou: gjin de
chausse-pied (m)	ဖိနပ်စီးရာတွင်သုံးသည့်ဖိနပ်ကောက်	hpana' si: ja dhwin dhoun: dhin. hpana' ko
cirage (m)	ဖိနပ်တိုက်ဆေး	hpana' tou' hsei:

31. Les accessoires personnels

gants (m pl)	လက်အိတ်	lei' ei'
moufles (f pl)	နှစ်ကန့်လက်အိတ်	hni' kan. le' ei'
écharpe (f)	မာဖလာ	ma ba. la
lunettes (f pl)	မျက်မှန်	mje' hman
monture (f)	မျက်မှန်ကိုင်း	mje' hman gain:
parapluie (m)	ထီး	hti:
canne (f)	တုတ်ကောက်	tou' kau'
brosse (f) à cheveux	ခေါင်းဘီး	gaun: bi:
éventail (m)	ပန်းကန်	pan gan
cravate (f)	လည်စည်း	le zi:
nœud papillon (m)	ဖဲပြားပုံလည်စည်း	hpe: bja: boun le zi:
bretelles (f pl)	ဘောင်းဘီချိတ်ကြိုး	baun: bi dhain: gjou:
mouchoir (m)	လက်ကိုင်ပုဝါ	le' kain bu. wa
peigne (m)	ဘီး	bi:
barrette (f)	ဆံညှပ်	hsan hnja'
épingle (f) à cheveux	ကလစ်	kali'
boucle (f)	ခါးပတ်ခေါင်း	kha: ba' khaun:
ceinture (f)	ခါးပတ်	kha: ba'
bandoulière (f)	ပုခုံးသိုင်းကြိုး	pu. goun: dhain: gjou:
sac (m)	လက်ကိုင်အိတ်	le' kain ei'
sac (m) à main	မိန်းကလေးပုခုံးလွယ်အိတ်	mein: galei: bou goun: lwe ei'
sac (m) à dos	ကျောပိုးအိတ်	kjo: bou: ei'

32. Les vêtements. Divers

mode (f)	ဖက်ရှင်	hpe' shin
à la mode (adj)	ခေတ်မီသော	khi' mi de.
couturier, créateur de mode	ဖက်ရှင်ဒီဇိုင်နာ	hpe' shin di zain na
col (m)	အင်္ကျီကော်လာ	akji. ko la
poche (f)	အိတ်ကပ်	ei' ka'
de poche (adj)	အိတ်ဆောင်	ei' hsaun
manche (f)	အင်္ကျီလက်	akji. le'
bride (f)	အင်္ကျီချိုတ်ကွင်း	akji. gjei' kwin:
braguette (f)	ဘောင်းဘီလျှာဆက်	baun: bi ja ze'
fermeture (f) à glissière	ဇစ်	zi'
agrafe (f)	ချိတ်စရာ	che' zaja

Français	Birman	Prononciation
bouton (m)	ကြယ်သီး	kje dhi:
boutonnière (f)	ကြယ်သီးပေါက်	kje dhi: bau'
s'arracher (bouton)	ပြုတ်ထွက်သည်	pjou' htwe' te
coudre (vi, vt)	စက်ချုပ်သည်	se' khjou' te
broder (vt)	ပန်းထိုးသည်	pan: dou: de
broderie (f)	ပန်းထိုးခြင်း	pan: dou: gjin:
aiguille (f)	အပ်	a'
fil (m)	အပ်ချည်	a' chi
couture (f)	ချုပ်ရိုး	chou' jou:
se salir (vp)	ညစ်ပေသွားသည်	nji' pei dhwa: de
tache (f)	အစွန်းအထင်း	aswan: ahtin:
se froisser (vp)	တွန့်ကြေစေသည်	tun. gjei zei de
déchirer (vt)	ပေါက်ပြဲသွားသည်	pau' pje: dhwa: de
mite (f)	အဝတ်ပိုးဖလံ	awu' pou: hpa. lan

33. L'hygiène corporelle. Les cosmétiques

Français	Birman	Prononciation
dentifrice (m)	သွားတိုက်ဆေး	thwa: tai' hsei:
brosse (f) à dents	သွားတိုက်တံ	thwa: tai' tan
se brosser les dents	သွားတိုက်သည်	thwa: tai' te
rasoir (m)	သင်တုန်းဓား	thin toun: da:
crème (f) à raser	မုတ်ဆိတ်ရိတ် ဆပ်ပြာ	mou' zei' jei' hsa' pja
se raser (vp)	ရိတ်သည်	jei' te
savon (m)	ဆပ်ပြာ	hsa' pja
shampooing (m)	ခေါင်းလျှော်ရည်	gaun: sho je
ciseaux (m pl)	ကတ်ကြေး	ka' kjei:
lime (f) à ongles	လက်သည်းတိုက်တံစဉ်း	le' the:
pinces (f pl) à ongles	လက်သည်းညှပ်	le' the: hnja'
pince (f) à épiler	ဇာဂနာ	za ga. na
produits (m pl) de beauté	အလှကုန်ပစ္စည်း	ahla. koun pji' si:
masque (m) de beauté	မျက်နှာပေါင်းတင်ခြင်း	mje' hna baun: din gjin:
manucure (f)	လက်သည်းအလှပြင်ခြင်း	le' the: ahla bjin gjin
se faire les ongles	လက်သည်းအလှပြင်သည်	le' the: ahla bjin de
pédicurie (f)	ခြေသည်းအလှပြင်သည်	chei dhi: ahla. pjin de
trousse (f) de toilette	မိတ်ကပ်အိတ်	mi' ka' ei'
poudre (f)	ပေါင်ဒါ	paun da
poudrier (m)	ပေါင်ဒါဘူး	paun da bu:
fard (m) à joues	ပါးနီ	pa: ni
parfum (m)	ရေမွှေး	jei mwei:
eau (f) de toilette	ရေမွှေး	jei mwei:
lotion (f)	လိုးရှင်း	lou shin:
eau de Cologne (f)	အော်ဒီကာလုန်းရေမွှေး	o di ka lun: jei mwei:
fard (m) à paupières	မျက်ခွံဆိုးဆေး	mje' khwan zou: zei:
crayon (m) à paupières	အိုင်းလိုင်နာတောင့်	ain: lain: na daun.
mascara (m)	မျက်တောင်ခြယ်ဆေး	mje' taun gje zei:

rouge (m) à lèvres	နှုတ်ခမ်းနီ	hna' khan: ni
vernis (m) à ongles	လက်သည်းဆိုးဆေး	le' the: azou: zei:
laque (f) pour les cheveux	ဆံပင်သုံး ဝပဝေး	zabin dhoun za. ba. jei:
déodorant (m)	ချွေးနံ့ပျောက်ဆေး	chwei: nan. bjau' hsei:
crème (f)	ရေခင်မ်	khajin m
crème (f) pour le visage	မျက်နှာရေခင်မ်	mje' hna ga. jin m
crème (f) pour les mains	ဟန်ခရင်မ်	han kha. rin m
crème (f) anti-rides	အသားကြောက်ကာကွယ်ဆေး	atha: gjau' ka gwe zei:
crème (f) de jour	နေ့လိမ်းရေခင်မ်	nei. lein: ga jin'm
crème (f) de nuit	ညလိမ်းရေခင်မ်	nja lein: khajinm
de jour (adj)	နေ့လယ်ဘက်သုံးသော	nei. le be' thoun: de.
de nuit (adj)	ညဘက်သုံးသော	nja. be' thoun: de.
tampon (m)	အတောင့်	ataun.
papier (m) de toilette	အိမ်သာသုံးစက္ကူ	ein dha dhoun: se' ku
sèche-cheveux (m)	ဆံပင်အခြောက်ခံစက်	zabin achou' hsan za'

34. Les montres. Les horloges

montre (f)	နာရီ	na ji
cadran (m)	နာရီဒိုင်ခွက်	na ji dai' hpwe'
aiguille (f)	နာရီလက်တံ	na ji le' tan
bracelet (m)	နာရီကြိုး	na ji gjou:
bracelet (m) (en cuir)	နာရီကြိုး	na ji gjou:
pile (f)	ဓာတ်ခဲ	da' khe:
être déchargé	အားကုန်သည်	a: kun de
changer de pile	ဘတ်ထရီလဲသည်	ba' hta ji le: de
avancer (vi)	မြန်သည်	mjan de
retarder (vi)	နောက်ကျသည်	nau' kja. de
pendule (f)	တိုင်ကပ်နာရီ	tain ka' na ji
sablier (m)	သဲနာရီ	the: naji
cadran (m) solaire	နေနာရီ	nei na ji
réveil (m)	နှိုးစက်	hnou: ze'
horloger (m)	နာရီပြင်ဆရာ	ma ji bjin zaja
réparer (vt)	ပြင်သည်	pjin de

Les aliments. L'alimentation

35. Les aliments

viande (f)	အသား	atha:
poulet (m)	ကြက်သား	kje' tha:
poulet (m) (poussin)	ကြက်ကလေး	kje' ka. lei:
canard (m)	ဘဲသား	be: dha:
oie (f)	ဘဲငန်းသား	be: ngan: dha:
gibier (m)	တောကောင်သား	to: gaun dha:
dinde (f)	ကြက်ဆင်သား	kje' hsin dha:
du porc	ဝက်သား	we' tha:
du veau	နွားကလေးသား	nwa: ga. lei: dha:
du mouton	သိုးသား	thou: tha:
du bœuf	အမဲသား	ame: dha:
lapin (m)	ယုန်သား	joun dha:
saucisson (m)	ဝက်အူချောင်း	we' u gjaun:
saucisse (f)	အသားချောင်း	atha: gjaun:
bacon (m)	ဝက်ဆားနယ်ခြောက်	we' has: ne gjau'
jambon (m)	ဝက်ပေါင်ခြောက်	we' paun gjau'
cuisse (f)	ဝက်ပေါင်ကြက်တိုက်	we' paun gje' tai'
pâté (m)	အနှစ်အခဲပျော့	ahni' akhe pjo.
foie (m)	အသည်း	athe:
farce (f)	ကြိတ်သား	kjei' tha:
langue (f)	လျှာ	sha
œuf (m)	ဥ	u.
les œufs	ဥများ	u. mja:
blanc (m) d'œuf	အကာ	aka
jaune (m) d'œuf	အနှစ်	ahni'
poisson (m)	ငါး	nga:
fruits (m pl) de mer	ပင်လယ်အစားအစာ	pin le asa: asa
crustacés (m pl)	အခွံမာရေနေသတ္တဝါ	akhun ma jei nei dha' ta. wa
caviar (m)	ငါးဥ	nga: u.
crabe (m)	ကကန်း	kanan:
crevette (f)	ပုဇွန်	bazun
huître (f)	ကမာကောင်	kama kaun
langoustine (f)	ကျောက်ပုဇွန်	kjau' pu. zun
poulpe (m)	ရေဘဝဲသား	jei ba. we: dha:
calamar (m)	ပြည်ကြီးငါး	pjei gji: nga:
esturgeon (m)	စတာဂျင်ငါး	sata gjin nga:
saumon (m)	ဆော်လမွန်ငါး	hso: la. mun nga:
flétan (m)	ပင်လယ်ငါးကြီးသား	pin le nga: gji: dha:
morue (f)	ငါးကြီးဆီထုတ်သောငါး	nga: gji: zi dou' de. nga:

maquereau (m)	မက်ကရယ်ငါး	me' ka. je nga:
thon (m)	တူနာငါး	tu na nga:
anguille (f)	ငါးရှဉ့်	nga: shin.
truite (f)	ထရောက်ငါး	hta. jau' nga:
sardine (f)	ငါးသေတ္တာငါး	nga: dhei ta' nga:
brochet (m)	ပိုက်ငါး	pai' nga
hareng (m)	ငါးသလောက်	nga: dha. lau'
pain (m)	ပေါင်မုန့်	paun moun.
fromage (m)	ဒိန်ခဲ	dain ge:
sucre (m)	သကြား	dhagja:
sel (m)	ဆား	hsa:
riz (m)	ဆန်စပါး	hsan zaba
pâtes (m pl)	အီတာလီခေါက်ဆွဲ	ita. li khau' hswe:
nouilles (f pl)	ခေါက်ဆွဲ	gau' hswe:
beurre (m)	ထောပတ်	hto: ba'
huile (f) végétale	ဆီ	hsi
huile (f) de tournesol	နေကြာပန်းဆီ	nei gja ban: zi
margarine (f)	ဟင်းရွက်အဆီခဲ	hin: jwe' ahsi khe:
olives (f pl)	သံလွင်သီး	than lun dhi:
huile (f) d'olive	သံလွင်ဆီ	than lun zi
lait (m)	နွားနို့	nwa: nou.
lait (m) condensé	နို့ဆီ	ni. zi
yogourt (m)	ဒိန်ချဉ်	dain gjin
crème (f) aigre	နို့ချဉ်	nou. gjin
crème (f) (de lait)	မလိုင်	ma. lain
sauce (f) mayonnaise	ခပ်ပျစ်ပျစ်စားပြန်ရည်	kha' pji' pji' sa: mjein jei
crème (f) au beurre	ထောပတ်မလိုင်	hto: ba' ma. lein
gruau (m)	နှံစားဈေ	nhnan za: zei.
farine (f)	ဂျုံမှုန့်	gjoun hmoun.
conserves (f pl)	စည်သွပ်ဗူးများ	si dhwa' bu: mja:
pétales (m pl) de maïs	ပြောင်းဖူးမုန့်ဆန်း	pjaun: bu: moun. zan:
miel (m)	ပျားရည်	pja: je
confiture (f)	ယို	jou
gomme (f) à mâcher	ပီကေ	pi gei

36. Les boissons

eau (f)	ရေ	jei
eau (f) potable	သောက်ရေ	thau' jei
eau (f) minérale	ဓာတ်ဆားရည်	da' hsa: ji
plate (adj)	ဂက်စ်မပါသော	ga' s ma. ba de.
gazeuse (l'eau ~)	ဂက်စ်ပါသော	ga' s ba de.
pétillante (adj)	စပါကလင်	saba ga. lin
glace (f)	ရေခဲ	jei ge:

avec de la glace	ရေခဲနှင့်	jei ge: hnin.
sans alcool	အယ်ကိုဟောမပါသော	e kou ho: ma. ba de.
boisson (f) non alcoolisée	အယ်ကိုဟောမဟုတ်သော သောက်စရာ	e kou ho: ma. hou' te. dhau' sa. ja
rafraîchissement (m)	အအေး	aei:
limonade (f)	လီမွန်ဖျော်ရည်	li mun hpjo ji
boissons (f pl) alcoolisées	အယ်ကိုဟောပါဝင် သောသောက်စရာ	e kou ho: ba win de. dhau' sa. ja
vin (m)	ဝိုင်	wain
vin (m) blanc	ဝိုင်ဖြူ	wain gju
vin (m) rouge	ဝိုင်နီ	wain ni
liqueur (f)	အရက်ချိုပြင်း	aje' gjou pjin
champagne (m)	ရှန်ပိန်	shan pein
vermouth (m)	ရန်ဒင်းသောဆေးစိမ်ဝိုင်	jan dhin: dho: zei: zein wain
whisky (m)	ဝီစကီ	wi sa. gi
vodka (f)	ဗော့ဒ်ကာ	bo ga
gin (m)	ဂျင်	gjin
cognac (m)	ကော်ညက်	ko. nja'
rhum (m)	ရမ်	ran
café (m)	ကော်ဖီ	ko hpi
café (m) noir	ဘလက်ကော်ဖီ	ba. le' ko: phi
café (m) au lait	ကော်ဖီနို့ရော	ko hpi ni. jo:
cappuccino (m)	ကပုချီနို	ka. pu chi ni.
café (m) soluble	ကော်ဖီမှုန့်	ko hpi mi'
lait (m)	နွားနို့	nwa: nou.
cocktail (m)	ကော့တေး	ko. dei:
cocktail (m) au lait	မစ်ရှိတ်	mi' shei'
jus (m)	အချိုရည်	achou ji
jus (m) de tomate	ခရမ်းချဉ်သီးအချိုရည်	khajan: chan dhi: achou jei
jus (m) d'orange	လိမ္မော်ရည်	limmo ji
jus (m) pressé	အသီးဖျော်ရည်	athi: hpjo je
bière (f)	ဘီယာ	bi ja
bière (f) blonde	အရောင်ဖျော့သောဘီယာ	ajaun bjau. de. bi ja
bière (f) brune	အရောင်ရင့်သောဘီယာ	ajaun jin. de. bi ja
thé (m)	လက်ဖက်ရည်	le' hpe' ji
thé (m) noir	လက်ဖက်နက်	le' hpe' ne'
thé (m) vert	လက်ဖက်စိမ်း	le' hpe' sein:

37. Les légumes

légumes (m pl)	ဟင်းသီးဟင်းရွက်	hin: dhi: hin: jwe'
verdure (f)	ဟင်းခတ်အမွှေးရွက်	hin: ga' ahmwei: jwe'
tomate (f)	ခရမ်းချဉ်သီး	khajan: chan dhi:
concombre (m)	သခွားသီး	thakhwa: dhi:
carotte (f)	မုန်လာဥနီ	moun la u. ni

pomme (f) de terre	အာလူး	a lu:
oignon (m)	ကြက်သွန်နီ	kje' thwan ni
ail (m)	ကြက်သွန်ဖြူ	kje' thwan bju
chou (m)	ဂေါ်ဖီ	go bi
chou-fleur (m)	ပန်းဂေါ်ဖီ	pan: gozi
chou (m) de Bruxelles	ဂေါ်ဖီထုပ်အသေးစား	go bi dou' athei: za:
brocoli (m)	ပန်းဂေါ်ဖီအစိမ်း	pan: gozi asein:
betterave (f)	မုန်လာဥနီလုံး	moun la u. ni loun:
aubergine (f)	ခရမ်းသီး	khajan: dhi:
courgette (f)	ဘူးသီး	bu: dhi:
potiron (m)	ဖရုံသီး	hpa joun dhi:
navet (m)	တရုတ်မုန်လာဥ	tajou' moun la u.
persil (m)	တရုတ်နံနံပင်	tajou' nan nan bin
fenouil (m)	စမြိတ်ပင်	samjei' pin
laitue (f) (salade)	ဆလပ်ရွက်	hsa. la' jwe'
céleri (m)	တရုတ်နံနံကြီး	tajou' nan nan gji:
asperge (f)	ကညွတ်မာဗင်	ka. nju' ma bin
épinard (m)	ဒေါက်ခွ	dau' khwa.
pois (m)	ပဲစေ့	pe: zei.
fèves (f pl)	ပဲအမျိုးမျိုး	pe: amjou: mjou:
maïs (m)	ပြောင်းဖူး	pjaun: bu:
haricot (m)	ပိလဲစားပဲ	bou za: be:
poivron (m)	ငရုတ်သီး	nga jou' thi:
radis (m)	မုန်လာဥသေး	moun la u. dhei:
artichaut (m)	အာတီရှော့	a ti cho.

38. Les fruits. Les noix

fruit (m)	အသီး	athi:
pomme (f)	ပန်းသီး	pan: dhi:
poire (f)	သစ်တော်သီး	thi' to dhi:
citron (m)	သံပုရာသီး	than bu. jou dhi:
orange (f)	လိမ္မော်သီး	limmo dhi:
fraise (f)	စတော်ဘယ်ရီသီး	sato be ri dhi:
mandarine (f)	ပျားလိမ္မော်သီး	pja: lein mo dhi:
prune (f)	ဆီးသီး	hsi: dhi:
pêche (f)	မက်မွန်သီး	me' mwan dhi:
abricot (m)	တရုတ်ဆီးသီး	jau' hsi: dhi:
framboise (f)	ရပ်စဘယ်ရီ	re' sa be ji
ananas (m)	နာနတ်သီး	na na' dhi:
banane (f)	ငှက်ပျောသီး	hnge' pjo: dhi:
pastèque (f)	ဖရဲသီး	hpa. je: dhi:
raisin (m)	စပျစ်သီး	zabji' thi:
merise (f), cerise (f)	ချယ်ရီသီး	che ji dhi:
cerise (f)	ချယ်ရီချဉ်သီး	che ji gjin dhi:
merise (f)	ချယ်ရီချိုသီး	che ji gjou dhi:
melon (m)	သခွားမွေးသီး	thakhwa: hmwei: dhi:

pamplemousse (m)	ကရိတ်ဖရုသီး	ga. ri' hpa. ju dhi:
avocat (m)	ထောပတ်သီး	hto: ba' thi:
papaye (f)	သင်္ဘောသီး	thin: bo: dhi:
mangue (f)	သရက်သီး	thaje' thi:
grenade (f)	တလည်းသီး	tale: dhi:
groseille (f) rouge	အနီရောင်ဘယ်ရီသီး	ani jaun be ji dhi:
cassis (m)	ဘလက်ကားရန့်	ba. le' ka: jan.
groseille (f) verte	ကလားဆီးဖြူ	ka. la: his: hpju
myrtille (f)	ဘီဘယ်ရီအသီး	bi: be ji athi:
mûre (f)	ရှမ်းဆီးသီး	shan: zi: di:
raisin (m) sec	စပျစ်သီးခြောက်	zabji' thi: gjau'
figue (f)	သဖန်းသီး	thahpjan: dhi:
datte (f)	စွန်ပလွံသီး	sun palun dhi:
cacahuète (f)	မြေပဲ	mjei be:
amande (f)	တဒိသီး	ba dan di:
noix (f)	သစ်ကြားသီး	thi' kja: dhi:
noisette (f)	ဟောဇယ်သီး	ho: ze dhi:
noix (f) de coco	အုန်းသီး	aun: dhi:
pistaches (f pl)	ခွမာသီး	khwan ma dhi:

39. Le pain. Les confiseries

confiserie (f)	မုန့်ချို	moun. gjou
pain (m)	ပေါင်မုန့်	paun moun.
biscuit (m)	ဘီစကစ်	bi za. ki'
chocolat (m)	ချောကလက်	cho: ka. le'
en chocolat (adj)	ချောကလက်အရသာရှိသော	cho: ka. le' aja. dha shi. de.
bonbon (m)	သကြားလုံး	dhagja: loun:
gâteau (m), pâtisserie (f)	ကိတ်	kei'
tarte (f)	ကိတ်မုန့်	kei' moun.
gâteau (m)	ပိုင်မုန့်	pain hmoun.
garniture (f)	သွပ်ထားသောအစာ	thu' hta: dho: asa
confiture (f)	ယို	jou
marmelade (f)	အထူးပြုလုပ်ထားသော ယို	a htu: bju. lou' hta: de. jou
gaufre (f)	ဝေဖာ	wei hpa
glace (f)	ရေခဲမုန့်	jei ge: moun.
pudding (m)	ပူတင်း	pu tin:

40. Les plats cuisinés

plat (m)	ဟင်းပွဲ	hin: bwe:
cuisine (f)	အစားအသောက်	asa: athau'
recette (f)	ဟင်းချက်နည်း	hin: gji' ne:
portion (f)	တစ်ယောက်စာဟင်းပွဲ	ti' jau' sa hin: bwe:
salade (f)	အသုပ်	athou'
soupe (f)	စွပ်ပြုတ်	su' pjou:

bouillon (m)	ဟင်းရည်	hin: ji
sandwich (m)	အသားညှပ်ပေါင်မုန့်	atha: hnja' paun moun.
les œufs brouillés	ကြက်ဥကြော်	kje' u. kjo
hamburger (m)	ဟန်ဘာဂါ	han ba ga
steak (m)	အမဲသားတုံး	ame: dha: doun:
garniture (f)	အရံဟင်း	ajan hin:
spaghettis (m pl)	အီတာလီခေါက်ဆွဲ	ita. li khau' hswe:
purée (f)	အာလူးနွားနို့ဖျော်	a luu: nwa: nou. bjo
pizza (f)	ပီဇာ	pi za
bouillie (f)	အုတ်ဂျုံယာဂု	ou' gjoun ja gu.
omelette (f)	ကြက်ဥခေါက်ကြော်	kje' u. khau' kjo
cuit à l'eau (adj)	ပြုတ်ထားသော	pjou' hta: de.
fumé (adj)	ကြွပ်တင်ထားသော	kja' tin da: de.
frit (adj)	ကြော်ထားသော	kjo da de.
sec (adj)	ခြောက်နေသော	chau' nei de.
congelé (adj)	အေးခဲနေသော	ei: khe: nei de.
mariné (adj)	ဆားရည်စိမ်ထားသော	hsa:
sucré (adj)	ချိုသော	chou de.
salé (adj)	ငန်သော	ngan de.
froid (adj)	အေးသော	ei: de.
chaud (adj)	ပူသော	pu dho:
amer (adj)	ခါးသော	kha: de.
bon (savoureux)	အရသာရှိသော	aja. dha shi. de.
cuire à l'eau	ပြုတ်သည်	pjou' te
préparer (le dîner)	ချက်သည်	che' de
faire frire	ကြော်သည်	kjo de
réchauffer (vt)	အပူပေးသည်	apu bei: de
saler (vt)	ဆားထည့်သည်	hsa: hte. de
poivrer (vt)	အစပ်ထည့်သည်	asin hte. dhe
râper (vt)	ခြစ်သည်	chi' te
peau (f)	အခွံ	akhun
éplucher (vt)	အခွံနွာသည်	akhun hnwa de

41. Les épices

sel (m)	ဆား	hsa:
salé (adj)	ငန်သော	ngan de.
saler (vt)	ဆားထည့်သည်	hsa: hte. de
poivre (m) noir	ငရုတ်ကောင်း	nga jou' kaun:
poivre (m) rouge	ငရုတ်သီး	nga jou' thi:
moutarde (f)	မုန်ညင်း	moun njin:
raifort (m)	သင်္ဘောဒန့်သလွန်	thin: bo: dan. dha lun
condiment (m)	ဟင်းခတ်အမွှန်အမျိုး	hin: ga' ahnun. amjou: mjou:
épice (f)	ဟင်းခတ်အမွှေးအကြိုင်	hin: ga' ahmwei: akjain
sauce (f)	ဆော့	hso.
vinaigre (m)	ရှာလကာရည်	sha la. ga je

anis (m)	စမုန်စပါးပင်	samoun zaba: bin
basilic (m)	ပင်စိမ်း	pin zein:
clou (m) de girofle	လေးညှင်း	lei: hnjin:
gingembre (m)	ဂျင်း	gjin:
coriandre (m)	နံနံပင်	nan nan bin
cannelle (f)	သစ်ကြံပိုးခေါက်	thi' kjan bou: gau'
sésame (m)	နှမ်း	hnan:
feuille (f) de laurier	ကရဝေးရွက်	ka ja wei: jwe'
paprika (m)	ပန်းငရုတ်မှုန့်	pan: nga. jou' hnoun.
cumin (m)	ကရဝေး	ka. ja. wei:
safran (m)	ကုံကုမံ	koun kou man

42. Les repas

nourriture (f)	အစားအစာ	asa: asa
manger (vi, vt)	စားသည်	sa: de
petit déjeuner (m)	နံနက်စာ	nan ne' za
prendre le petit déjeuner	နံနက်စာစားသည်	nan ne' za za: de
déjeuner (m)	နေ့လယ်စာ	nei. le za
déjeuner (vi)	နေ့လယ်စာစားသည်	nei. le za za de
dîner (m)	ညစာ	nja. za
dîner (vi)	ညစာစားသည်	nja. za za: de
appétit (m)	စားချင်စိတ်	sa: gjin zei'
Bon appétit!	စားကောင်းပါစေ	sa: gaun: ba zei
ouvrir (vt)	ဖွင့်သည်	hpwin. de
renverser (liquide)	ဖိတ်ကျသည်	hpi' kja de
se renverser (liquide)	မှောက်သည်	hmau' de
bouillir (vi)	ဆူပွက်သည်	hsu. bwe' te
faire bouillir	ဆူပွက်သည်	hsu. bwe' te
bouilli (l'eau ~e)	ဆူပွက်ထားသော	hsu. bwe' hta: de.
refroidir (vt)	အအေးခံသည်	aei: gan de
se refroidir (vp)	အေးသွားသည်	ei: dhwa: de
goût (m)	အရသာ	aja. dha
arrière-goût (m)	ပအာခြင်း	pa. achin:
suivre un régime	ဝိတ်ချသည်	wei' cha. de
régime (m)	ဓာတ်စာ	da' sa
vitamine (f)	ဗီတာမင်	bi ta min
calorie (f)	ကယ်လိုရီ	ke lou ji
végétarien (m)	သက်သက်လွတ်စားသူ	the' the' lu' za: dhu
végétarien (adj)	သက်သက်လွတ်စားသော	the' the' lu' za: de.
lipides (m pl)	အဆီ	ahsi
protéines (f pl)	အသားဓာတ်	atha: da'
glucides (m pl)	ကစီဓာတ်	ka. zi da'
tranche (f)	အချပ်	acha'
morceau (m)	အတုံး	atoun:
miette (f)	အစအန	asa an

43. Le dressage de la table

cuillère (f)	ဇွန်း	zun:
couteau (m)	ဓား	da:
fourchette (f)	ခက်ရင်း	khajin:
tasse (f)	ခွက်	khwe'
assiette (f)	ပန်းကန်ပြား	bagan: bja:
soucoupe (f)	အောက်ခံပန်းကန်ပြား	au' khan ban: kan pja:
serviette (f)	လက်သုတ်ပုဝါ	le' thou' pu. wa
cure-dent (m)	သွားကြားထိုးတံ	thwa: kja: dou: dan

44. Le restaurant

restaurant (m)	စားသောက်ဆိုင်	sa: thau' hsain
salon (m) de café	ကော်ဖီဆိုင်	ko hpi zain
bar (m)	ဘား	ba:
salon (m) de thé	လက်ဖက်ရည်ဆိုင်	le' hpe' ji zain
serveur (m)	စားပွဲထိုး	sa: bwe: dou:
serveuse (f)	စားပွဲထိုးမိန်းကလေး	sa: bwe: dou: mein: ga. lei:
barman (m)	အရက်ဘားဝန်ထမ်း	aje' ba: wun dan:
carte (f)	စားသောက်ဖွယ်စာရင်း	sa: thau' hpwe za jin:
carte (f) des vins	ဝိုင်စာရင်း	wain za jin:
réserver une table	စားပွဲကြိုတင်မှာယူသည်	sa: bwe: gjou din hma ju de
plat (m)	ဟင်းပွဲ	hin: bwe:
commander (vt)	မှာသည်	hma de
faire la commande	မှာသည်	hma de
apéritif (m)	နတ်ပြန်ေေ	hna' mjein zei:
hors-d'œuvre (m)	နတ်ပြန်စာ	hna' mjein za
dessert (m)	အချို	achou bwe:
addition (f)	ကျသင့်ငွေ	kja. thin. ngwei
régler l'addition	ကုန်ကျငွေရှင်းသည်	koun gja ngwei shin: de
rendre la monnaie	ပြန်အမ်းသည်	pjan an: de
pourboire (m)	မုန့်ဖိုး	moun. bou:

La famille. Les parents. Les amis

45. Les données personnelles. Les formulaires

prénom (m)	အမည်	amji
nom (m) de famille	မိသားစုအမည်	mi. dha: zu. amji
date (f) de naissance	မွေးနေ့	mwei: nei.
lieu (m) de naissance	မွေးရပ်	mwer: ja'
nationalité (f)	လူမျိုး	lu mjou:
domicile (m)	နေရပ်ဒေသ	nei ja' da. dha.
pays (m)	နိုင်ငံ	nain ngan
profession (f)	အလုပ်အကိုင်	alou' akain
sexe (m)	လိင်	lin
taille (f)	အရပ်	aja'
poids (m)	ကိုယ်အလေးချိန်	kou alei: chain

46. La famille. Les liens de parenté

mère (f)	အမေ	amei
père (m)	အဖေ	ahpei
fils (m)	သား	tha:
fille (f)	သမီး	thami:
fille (f) cadette	သမီးအငယ်	thami: ange
fils (m) cadet	သားအငယ်	tha: ange
fille (f) aînée	သမီးအကြီး	thami: akji:
fils (m) aîné	သားအကြီး	tha: akji:
frère (m)	ညီအစ်ကို	nji a' kou
frère (m) aîné	အစ်ကို	akou
frère (m) cadet	ညီ	nji
sœur (f)	ညီအစ်မ	nji a' ma
sœur (f) aînée	အစ်မ	ama.
sœur (f) cadette	ညီမ	nji ma.
cousin (m)	ဝမ်းကွဲအစ်ကို	wan: kwe: i' kou
cousine (f)	ဝမ်းကွဲညီမ	wan: kwe: nji ma.
maman (f)	မေမေ	mei mei
papa (m)	ဖေဖေ	hpei hpei
parents (m pl)	မိဘတွေ	mi. ba. dwei
enfant (m, f)	ကလေး	kalei:
enfants (pl)	ကလေးများ	kalei: mja:
grand-mère (f)	အဖွား	ahpwa
grand-père (m)	အဖိုး	ahpou

petit-fils (m)	မြေး	mjei:
petite-fille (f)	မြေးမ	mjei: ma.
petits-enfants (pl)	မြေးများ	mjei: mja:
oncle (m)	ဦးလေး	u: lei:
tante (f)	အဒေါ်	ado
neveu (m)	တူ	tu
nièce (f)	တူမ	tu ma.
belle-mère (f)	ယောက္ခမ	jau' khama.
beau-père (m)	ယောက္ခထီး	jau' khadi:
gendre (m)	သားမက်	tha: me'
belle-mère (f)	မိဒွေး	mi. dwei:
beau-père (m)	ပထွေး	pahtwei:
nourrisson (m)	နို့စို့ကလေး	nou. zou. galei:
bébé (m)	ကလေးငယ်	kalei: nge
petit (m)	ကလေး	kalei:
femme (f)	မိန်းမ	mein: ma.
mari (m)	ယောက်ျား	jau' kja:
époux (m)	ခင်ပွန်း	khin bun:
épouse (f)	ဇနီး	zani:
marié (adj)	မိန်းမရှိသော	mein: ma. shi. de.
mariée (adj)	ယောက်ျားရှိသော	jau' kja: shi de
célibataire (adj)	လူလွတ်ဖြစ်သော	lu lu' hpji te.
célibataire (m)	လူပျို	lu bjou
divorcé (adj)	တစ်ခုလပ်ဖြစ်သော	ti' khu. la' hpji' te.
veuve (f)	မုဆိုးမ	mu. zou: ma.
veuf (m)	မုဆိုးဖို	mu. zou: bou
parent (m)	ဆွေမျိုး	hswe mjou:
parent (m) proche	ဆွေမျိုးရင်းချာ	hswe mjou: jin: gja
parent (m) éloigné	ဆွေမျိုးနီးစပ်	hswe mjou: ni: za'
parents (m pl)	မွေးချင်းများ	mwei: chin: mja:
orphelin (m), orpheline (f)	မိဘမဲ့	mi. ba me.
orphelin (m)	မိဘမဲ့ကလေး	mi. ba me. ga lei:
orpheline (f)	မိဘမဲ့ကလေးမ	mi. ba me. ga lei: ma
tuteur (m)	အုပ်ထိန်းသူ	ou' htin: dhu
adopter (un garçon)	သားအဖြစ်မွေးစားသည်	tha: ahpji' mwei za: de
adopter (une fille)	သမီးအဖြစ်မွေးစားသည်	thami: ahpji' mwei za: de

La médecine

47. Les maladies

Français	Birman	Prononciation
maladie (f)	ရောဂါ	jo: ga
être malade	ဖျားနာသည်	hpa: na de
santé (f)	ကျန်းမာရေး	kjan: ma jei:
rhume (m) (coryza)	နှာစေးခြင်း	hna zei: gjin:
angine (f)	အာသီးရောင်ခြင်း	a sha. jaun gjin:
refroidissement (m)	အအေးမိခြင်း	aei: mi. gjin:
prendre froid	အအေးမိသည်	aei: mi. de
bronchite (f)	ချောင်းဆိုးရင်ကျပ်နာ	gaun: ou: jin gja' na
pneumonie (f)	အဆုတ်ရောင်ရောဂါ	ahsou' jaun jo: ga
grippe (f)	တုပ်ကွေး	tou' kwei:
myope (adj)	အဝေးမှုန်သော	awei: hmun de.
presbyte (adj)	အနီးမှုန်	ani: hmoun
strabisme (m)	မျက်စိစွေခြင်း	mje' zi. zwei gjin:
strabique (adj)	မျက်စိစွေသော	mje' zi. zwei de.
cataracte (f)	နာမကျန်းဖြစ်ခြင်း	na. ma. gjan: bji' chin:
glaucome (m)	ရေတိမ်	jei dein
insulte (f)	လေသင်တုန်းဖြတ်ခြင်း	lei dhin doun: bja' chin:
crise (f) cardiaque	နှလုံးဖောက်ပြန်မှု	hnaloun: bau' bjan hmu.
infarctus (m) de myocarde	နှလုံးကြွက်သားပုပ်ခြင်း	hnaloun: gjwe' tha: bou' chin:
paralysie (f)	သွေးချာပါဒ	thwe' cha ba da.
paralyser (vt)	ဆိုင်းတွသွားသည်	hsain: dwa dhwa: de
allergie (f)	မတည့်ခြင်း	ma. de. gjin:
asthme (m)	ပန်းနာ	pan: na
diabète (m)	ဆီးချိုရောဂါ	hsi: gjou jau ba
mal (m) de dents	သွားကိုက်ခြင်း	thwa: kai' chin:
carie (f)	သွားပိုးစားခြင်း	thwa: pou: za: gjin:
diarrhée (f)	ဝမ်းလျှောခြင်း	wan: sho gjin:
constipation (f)	ဝမ်းချုပ်ခြင်း	wan: gjou' chin:
estomac (m) barbouillé	ပိုက်နာခြင်း	bai' na gjin:
intoxication (f) alimentaire	အစာအဆိပ်သင့်ခြင်း	asa: ahsei' thin. gjin:
être intoxiqué	အစားမှားခြင်း	asa: hma: gjin:
arthrite (f)	အဆစ်ရောင်နာ	ahsi' jaun na
rachitisme (m)	အရိုးပျော့နာ	ajou: bjau. na
rhumatisme (m)	ဒူလာ	du la
athérosclérose (f)	နှလုံးသွေးကြော အဆီပိတ်ခြင်း	hna. loun: twei: kjau ahsi pei' khin:
gastrite (f)	အစာအိမ်ရောင်ရမ်းနာ	asa: ein jaun jan: na
appendicite (f)	အူအတက်ရောင်ခြင်း	au hte' jaun gjin:

cholécystite (f)	သည်းခြေပြန်ရောင်ခြင်း	thi: gjei bjun jaun gjin:
ulcère (m)	ဖက်ခွက်နာ	hpe' khwe' na
rougeole (f)	ဝက်သက်	we' the'
rubéole (f)	ဂျုက်သိုး	gjou' thou:
jaunisse (f)	အသားဝါရောဂါ	atha: wa jo: ga
hépatite (f)	အသည်းရောင်ရောဂါ	athe: jaun jau ba
schizophrénie (f)	စိတ်ကစဉ့်ကလျားရောဂါ	sei' ga. zin. ga. lja: jo: ga
rage (f) (hydrophobie)	ခွေးရူးပြန်ရောဂါ	khwei: ju: bjan jo: ba
névrose (f)	စိတ်မှုမမှန်ခြင်း	sei' mu ma. hman gjin:
commotion (f) cérébrale	ဦးနှောက်ထိခိုက်ခြင်း	oun: hnau' hti. gai' chin:
cancer (m)	ကင်ဆာ	kin hsa
sclérose (f)	အသားမျှင်ခက်မာသွားခြင်း	atha: hmjin kha' ma dwa: gjin:
sclérose (f) en plaques	အရုံကြော့ပျက်စီးရောင်ရမ်းသည့်ရောဂါ	a joun gjo: bje' si: jaun jan: dhi. jo: ga
alcoolisme (m)	အရက်နာစွဲခြင်း	aje' na zwe: gjin:
alcoolique (m)	အရက်သမား	aje' dha. ma:
syphilis (f)	ဆစ်ဖလစ်ကာလသားရောဂါ	his' hpa. li' ka la. dha: jo: ba
SIDA (m)	ကိုယ်ခံအားကျကူးစက်ရောဂါ	kou khan a: kja ku: za' jau ba
tumeur (f)	အသားပို	atha: pou
maligne (adj)	ကင်ဆာဖြစ်နေသော	kin hsa bji' nei de.
bénigne (adj)	ပြန့်ပွါးခြင်းမရှိသော	pjan. bwa: gjin: ma. shi. de.
fièvre (f)	အဖျားတက်ရောဂါ	ahpja: de' jo: ga
malaria (f)	ငှက်ဖျားရောဂါ	hnge' hpja: jo: ba
gangrène (f)	ဂန်ဂရိန်းနာရောဂါ	gan ga. ji na jo: ba
mal (m) de mer	လှိုင်းမူးခြင်း	hlain: mu: gjin:
épilepsie (f)	ဝက်ရူးပြန်ရောဂါ	we' ju: bjan jo: ga
épidémie (f)	ကပ်ရောဂါ	ka' jo ba
typhus (m)	တိုက်ဖိုက်ရောဂါ	tai' hpai' jo: ba
tuberculose (f)	တီဘီရောဂါ	ti bi jo: ba
choléra (m)	ကာလဝမ်းရောဂါ	ka la. wan: jau ga
peste (f)	ကပ်ဆိုး	ka' hsou:

48. Les symptômes. Le traitement. Partie 1

symptôme (m)	လက္ခဏာ	le' khana
température (f)	အပူချိန်	apu gjein
fièvre (f)	ကိုယ်အပူချိန်တက်	kou apu chain de'
pouls (m)	သွေးခုန်နှုန်း	thwei: khoun hnan:
vertige (m)	မူးနောက်ခြင်း	mu: nau' chin:
chaud (adj)	ပူသော	pu dho:
frisson (m)	တုန်ခြင်း	toun gjin:
pâle (adj)	ဖြူရော်သော	hpju de.
toux (f)	ချောင်းဆိုးခြင်း	gaun: zou: gjin:
tousser (vi)	ချောင်းဆိုးသည်	gaun: zou: de
éternuer (vi)	နှာချေသည်	hna gjei de

évanouissement (m)	အားနည်းခြင်း	a: ne: gjin:
s'évanouir (vp)	သတိလစ်သည်	dhadi. li' te

bleu (m)	ပွန်းပဲ့ဒက်ရာ	pun: be. dan ja
bosse (f)	ေဆာင့်မိခြင်း	hsaun. mi. gjin:
se heurter (vp)	ေဆာင့်မိသည်	hsaun. mi. de.
meurtrissure (f)	ပွန်းပဲ့ဒက်ရာ	pun: be. dan ja
se faire mal	ပွန်းပဲ့ဒက်ရာရသည်	pun: be. dan ja ja. de

boiter (vi)	ေထာ့နဲ့ေထာ့နဲ့ေလျှာက်သည်	hto. ne. hto. ne. shau' te
foulure (f)	အဆစ်လွဲခြင်း	ahsi' lwe: gjin:
se démettre (l'épaule, etc.)	အဆစ်လွဲသည်	ahsi' lwe: de
fracture (f)	ကျိုးအက်ခြင်း	kjou: e' chin:
avoir une fracture	ကျိုးအက်သည်	kjou: e' te

coupure (f)	ရှသည်	sha. de
se couper (~ le doigt)	ရှမိသည်	sha. mi. de
hémorragie (f)	ေသွးထွက်ခြင်း	thwei: htwe' chin:

brûlure (f)	မီးေလာင်သည့်ဒက်ရာ	mi: laun de. dan ja
se brûler (vp)	မီးေလာင်ဒက်ရာရသည်	mi: laun dan ja ja. de

se piquer (le doigt)	ေဖာက်သည်	hpau' te
se piquer (vp)	ကိုယ်တိုင်ေဖာက်သည်	kou tain hpau' te
blesser (vt)	ထိခိုက်ဒက်ရာရသည်	hti. gai' dan ja ja. de
blessure (f)	ထိခိုက်ဒက်ရာ	hti. gai' dan ja
plaie (f) (blessure)	ဒက်ရာ	dan ja
trauma (m)	စိတ်ဒက်ရာ	sei' dan ja

délirer (vi)	ကေယာင်ကတမ်းဖြစ်သည်	kajaun ka dan: bi' te
bégayer (vi)	တုံ့နေးတုံ့နေးဖြစ်သည်	toun. hnei: toun. hnei: bji' te
insolation (f)	အပူလျှပ်ခြင်း	apu hlja' chin

49. Les symptômes. Le traitement. Partie 2

douleur (f)	နာကျင်မှု	na gjin hmu.
écharde (f)	ပို့ထွက်ေသာအစ	pe. dwe' tho: asa.

sueur (f)	ေချွး	chwei:
suer (vi)	ေချွးထွက်သည်	chwei: htwe' te
vomissement (m)	အန်ခြင်း	an gjin:
spasmes (m pl)	အေကြာလိုက်ခြင်း	akjo: lai' chin:

enceinte (adj)	ကိုယ်ဝန်ေဆာင်ထားေသာ	kou wun hsaun da: de.
naître (vi)	ေမွးဖွားသည်	mwei: bwa: de
accouchement (m)	မီးဖွားခြင်း	mi: bwa: gjin:
accoucher (vi)	မီးဖွားသည်	mi: bwa: de
avortement (m)	ကိုယ်ဝန်ဖျက်ချခြင်း	kou wun hpje' cha chin:

respiration (f)	အသက်ရှူခြင်း	athe' shu gjin:
inhalation (f)	ဝင်ေလ	win lei
expiration (f)	ထွက်ေလ	htwe' lei
expirer (vi)	အသက်ရှူထုတ်သည်	athe' shu dou' te
inspirer (vi)	အသက်ရှူသွင်းသည်	athe' shu dhwin: de

invalide (m)	ကိုယ်အင်္ဂါမသန်စွမ်းသူ	kou an ga ma. dhan swan: dhu
handicapé (m)	မသန်မစွမ်းသူ	ma. dhan ma. zwan dhu
drogué (m)	ဆေးစွဲသူ	hsei: zwe: dhu
sourd (adj)	နားမကြားသော	na: ma. gja: de.
muet (adj)	ဆွံ့အသော	hsun. ade.
sourd-muet (adj)	ဆွံ့အ နားမကြားသူ	hsun. ana: ma. gja: dhu
fou (adj)	စိတ်မနှံ့သော	sei' ma. hnan. de.
fou (m)	စိတ်မနှံ့သူ	sei' ma. hnan. dhu
folle (f)	စိတ်ဝေဒနာရှင် မိန်းကလေး	sei' wei da. na shin mein: ga. lei:
devenir fou	ရူးသွပ်သည်	ju: dhu' de
gène (m)	မျိုးရိုးဗီဇ	mjou: jou: bi za.
immunité (f)	ကိုယ်ခံအား	kou gan a:
héréditaire (adj)	မျိုးရိုးလိုက်သော	mjou: jou: lou' te.
congénital (adj)	မွေးရာပါဖြစ်သော	mwei: ja ba bji' te.
virus (m)	ဗိုင်းရပ်ပိုးမွှား	bain: ja' pou: hmwa:
microbe (m)	အဏုဇီဝရုပ်	anu zi wa. jou'
bactérie (f)	ဗက်တီးရီးယားပိုး	be' ti: ji: ja: bou:
infection (f)	ရောဂါကူးစက်မှု	jo ga gu: ze' hmu.

50. Les symptômes. Le traitement. Partie 3

hôpital (m)	ဆေးရုံ	hsei: joun
patient (m)	လူနာ	lu na
diagnostic (m)	ရောဂါစစ်ဆေးခြင်း	jo ga zi' hsei: gjin:
cure (f) (faire une ~)	ဆေးကုထုံး	hsei: ku. doun:
traitement (m)	ဆေးဝါးကုသမှု	hsei: wa: gu. dha. hmu.
se faire soigner	ဆေးကုသမှုခံယူသည်	hsei: ku. dha. hmu. dha de
traiter (un patient)	ပြုစုသည်	pju. zu. de
soigner (un malade)	ပြုစုစောင့်ရှောက်သည်	pju. zu. zaun. shau' te
soins (m pl)	ပြုစုစောင့်ရှောက်ခြင်း	pju. zu. zaun. shau' chin:
opération (f)	ခွဲစိတ်ကုသခြင်း	khwe: zei' ku. dha. hin:
panser (vt)	ပတ်တီးစည်းသည်	pa' ti: ze: de
pansement (m)	ပတ်တီးစည်းခြင်း	pa' ti: ze: gjin:
vaccination (f)	ကာကွယ်ဆေးထိုးခြင်း	ka gwe hsei: dou: gjin:
vacciner (vt)	ကာကွယ်ဆေးထိုးသည်	ka gwe hsei: dou: de
piqûre (f)	ဆေးထိုးခြင်း	hsei: dou: gjin:
faire une piqûre	ဆေးထိုးသည်	hsei: dou: de
crise, attaque (f)	ရောဂါ ရုတ်တရက်ကျရောဂါခြင်း	jo ga jou' ta. je' kja. jau' chin:
amputation (f)	ဖြတ်တောက်ကုသခြင်း	hpja' tau' ku. dha gjin:
amputer (vt)	ဖြတ်တောက်ကုသသည်	hpja' tau' ku. dha de
coma (m)	မေ့မြောခြင်း	mei. mjo: gjin:
être dans le coma	မေ့မြောသည်	mei. mjo: de
réanimation (f)	အစွမ်းကုန်ပြုစုခြင်း	aswan: boun bju. zu. bjin:
se rétablir (vp)	ရောဂါသက်သာလာသည်	jo ga dhe' tha la de

état (m) (de santé)	ကျန်းမာရေးအခြေအနေ	kjan: ma jei: achei a nei
conscience (f)	ပြန်လည်သတိရလာခြင်း	pjan le dhadi. ja. la. gjin:
mémoire (f)	မှတ်ဉာဏ်	hma' njan
arracher (une dent)	နှုတ်သည်	hna' te
plombage (m)	သွားပေါက်ဖာဆေးမှု	thwa: bau' hpa dei: hmu.
plomber (vt)	ဖာသည်	hpa de
hypnose (f)	အိပ်မွေ့ချခြင်း	ei' mwei. gja. gjin:
hypnotiser (vt)	အိပ်မွေ့ချသည်	ei' mwei. gja. de

51. Les médecins

médecin (m)	ဆရာဝန်	hsa ja wun
infirmière (f)	သူနာပြု	thu na bju.
médecin (m) personnel	ကိုယ်ရေး ဆရာဝန်	kou jei: hsaja wun
dentiste (m)	သွားဆရာဝန်	thwa: hsaja wun
ophtalmologiste (m)	မျက်စိဆရာဝန်	mje' si. za. ja wun
généraliste (m)	ရောဂါရှာဖွေရေးဆရာဝန်	jo ga sha bwei jei: hsaja wun
chirurgien (m)	ခွဲစိတ်ကုဆရာဝန်	khwe: hsei' ku hsaja wun
psychiatre (m)	စိတ်ရောဂါအထူးကုဆရာဝန်	sei' jo: ga ahtu: gu. zaja wun
pédiatre (m)	ကလေးအထူးကုဆရာဝန်	kalei: ahtu: ku. hsaja wun
psychologue (m)	စိတ်ပညာရှင်	sei' pjin nja shin
gynécologue (m)	မီးယပ်ရောဂါအထူး ကုဆရာဝန်	mi: ja' jo: ga ahtu: gu za. ja wun
cardiologue (m)	နှလုံးရောဂါအထူး ကုဆရာဝန်	hnaloun: jo: ga ahtu: gu. zaja wun

52. Les médicaments. Les accessoires

médicament (m)	ဆေးဝါး	hsei: wa:
remède (m)	ကုသခြင်း	ku. dha. gjin:
prescrire (vt)	ဆေးအညွှန်းပေးသည်	hsa: ahnjun: bwe: de
ordonnance (f)	ဆေးညွှန်း	hsei: hnjun:
comprimé (m)	ဆေးပြား	hsei: bja:
onguent (m)	လိမ်းဆေး	lein: zei:
ampoule (f)	လေပုံဖန်ပုလင်းငယ်	lei loun ban bu. lin: nge
mixture (f)	စပ်ဆေးရည်	sa' ei: je
sirop (m)	ဖျော်ရည်ဆီ	hpjo jei zi
pilule (f)	ဆေးတောင့်	hsei: daun.
poudre (f)	အမှုန့်	ahmoun.
bande (f)	ပတ်တီး	pa' ti:
coton (m) (ouate)	ဂွမ်းပိပိ	gwan: lei'
iode (m)	တင်ဂျာအိုင်ဒင်း	tin gja ein din:
sparadrap (m)	ပလာစတာ	pa. la sata
compte-gouttes (m)	မျက်စဉ်းခတ်ကိရိယာ	mje' zin: ba' ki. ji. ja
thermomètre (m)	အပူချိန်တိုင်းကိရိယာ	apu gjein dain: gi. ji. ja

seringue (f)	ဆေးထိုးပြွတ်	hsei: dou: bju'
fauteuil (m) roulant	ဘီးတပ်ကုလားထိုင်	bi: da' ku. la: dain
béquilles (f pl)	ချိုင်းထောက်	chain: dau'
anesthésique (m)	အကိုက်အခဲပျောက်ဆေး	akai' akhe: pjau' hsei:
purgatif (m)	ဝမ်းနုတ်ဆေး	wan: hnou' hsei:
alcool (m)	အရက်ပျံ	aje' pjan
herbe (f) médicinale	ဆေးဖက်ဝင်အပင်များ	hsei: hpa' win apin mja:
d'herbes (adj)	ဆေးဖက်ဝင်အပင် နှင့်ဆိုင်သော	hsei: hpa' win apin hnin. zain de.

L'HABITAT HUMAIN

La ville

53. La ville. La vie urbaine

ville (f)	မြို့	mjou.
capitale (f)	မြို့တော်	mjou. do
village (m)	ရွာ	jwa
plan (m) de la ville	မြို့လမ်းညွှန်မြေပုံ	mjou. lan hnjun mjei boun
centre-ville (m)	မြို့လယ်ခေါင်	mjou. le gaun
banlieue (f)	ဆင်ခြေဖုံးအရပ်	hsin gjei aja'
de banlieue (adj)	ဆင်ခြေဖုံးအရပ်ဖြစ်သော	hsin gjei hpoun aja' hpa' te.
périphérie (f)	မြို့စွန်	mjou. zun
alentours (m pl)	ပတ်ဝန်းကျင်	pa' wun: gjin:
quartier (m)	စည်ကားရာမြို့လယ်နေရာ	si: ga: ja mjou. le nei ja
quartier (m) résidentiel	လူနေရပ်ကွက်	lu nei ja' kwe'
trafic (m)	ယာဉ်အသွားအလာ	jin athwa: ala
feux (m pl) de circulation	မီးပွိုင့်	mi: bwain.
transport (m) urbain	ပြည်သူပိုင်ခရီးသွားဝို့ဆောင်ရေး	pji dhu bain gaji: dhwa: bou. zaun jei:
carrefour (m)	လမ်းဆုံ	lan: zoun
passage (m) piéton	လူကူးမျဉ်းကြား	lu gu: mji: gja:
passage (m) souterrain	မြေအောက်လမ်းကူး	mjei au' lan: gu:
traverser (vt)	လမ်းကူးသည်	lan: gu: de
piéton (m)	လမ်းသွားလမ်းလာ	lan: dhwa: lan: la
trottoir (m)	လူသွားလမ်း	lu dhwa: lan:
pont (m)	တံတား	dada:
quai (m)	ကမ်းနားတမံ	kan: na: da. man
fontaine (f)	ရေပန်း	jei ban:
allée (f)	ရိပ်သာလမ်း	jei' tha lan:
parc (m)	ပန်းခြံ	pan: gjan
boulevard (m)	လမ်းဝယ်	lan: ge
place (f)	ရင်ပြင်	jin bjin
avenue (f)	လမ်းမကြီး	lan: mi. gji:
rue (f)	လမ်း	lan:
ruelle (f)	လမ်းသွယ်	lan: dhwe
impasse (f)	လမ်းဆုံး	lan: zoun:
maison (f)	အိမ်	ein
édifice (m)	အဆောက်အဦ	ahsau' au
gratte-ciel (m)	မိုးမျှော်တိုက်	mou: hmjo tou'
façade (f)	အိမ်ရှေ့နံရံ	ein shei. nan jan

toit (m)	အမိုး	amou:
fenêtre (f)	ပြတင်းပေါက်	badin: pau'
arc (m)	မုခ်ဝ	mou' wa.
colonne (f)	တိုင်	tain
coin (m)	ထောင့်	htaun.

vitrine (f)	ဆိုင်ရှုပစ္စည်း အခင်းအကျင်း	hseun shei. bji' si: akhin: akjin:
enseigne (f)	ဆိုင်းဘုတ်	hsain: bou'
affiche (f)	ပိုစတာ	pou sata
affiche (f) publicitaire	ကြော်ငြာပိုစတာ	kjo nja bou sata
panneau-réclame (m)	ကြော်ငြာဆိုင်းဘုတ်	kjo nja zain: bou'

ordures (f pl)	အမှိုက်	ahmai'
poubelle (f)	အမှိုက်ပုံး	ahmai' poun:
jeter à terre	လွှင့်ပစ်သည်	hlwin. bi' te
décharge (f)	အမှိုက်ပုံ	ahmai' poun

cabine (f) téléphonique	တယ်လီဖုန်းဆက်ရန်နေရာ	te li hpoun: ze' jan nei ja
réverbère (m)	လမ်းမီး	lan: mi:
banc (m)	ခုံတန်းရှည်	khoun dan: shei

policier (m)	ရဲ	je:
police (f)	ရဲ	je:
clochard (m)	သူတောင်းစား	thu daun: za:
sans-abri (m)	အိမ်ယာမဲ့	ein ja me.

54. Les institutions urbaines

magasin (m)	ဆိုင်	hsain
pharmacie (f)	ဆေးဆိုင်	hsei: zain
opticien (m)	မျက်မှန်ဆိုင်	mje' hman zain
centre (m) commercial	ရေးဝင်ဝင်တာ	zei: wun zin da
supermarché (m)	ကုန်တိုက်ကြီး	koun dou' kji:

boulangerie (f)	မုန့်တိုက်	moun. dai'
boulanger (m)	ပေါင်မုန့်ဖုတ်သူ	paun moun. bou' dhu
pâtisserie (f)	မုန့်ဆိုင်	moun. zain
épicerie (f)	ကုန်စုံဆိုင်	koun zoun zain
boucherie (f)	အသားဆိုင်	atha: ain

magasin (m) de légumes	ဟင်းသီးဟင်းရွက်ဆိုင်	hin: dhi: hin: jwe' hsain
marché (m)	ဈေး	zei:

salon (m) de café	ကော်ဖီဆိုင်	ko hpi zain
restaurant (m)	စားသောက်ဆိုင်	sa: thau' hsain
brasserie (f)	ဘီယာဆိုင်	bi ja zain:
pizzeria (f)	ပီဇာမုန့်ဆိုင်	pi za moun. zain

salon (m) de coiffure	ဆံပင်ညှပ်ဆိုင်	zain hnja' hsain
poste (f)	စာတိုက်	sa dai'
pressing (m)	အဝတ်အခြောက်လျှော်လုပ်ငန်း	awu' achou' hlo: lou' ngan:
atelier (m) de photo	ဓာတ်ပုံရိုက်ခန်း	da' poun jai' khan:
magasin (m) de chaussures	ဖိနပ်ဆိုင်	hpana' sain

librairie (f)	စာအုပ်ဆိုင်	sa ou' hsain
magasin (m) d'articles de sport	အားကစားပစ္စည်းဆိုင်	a: gaza: pji' si: zain
atelier (m) de retouche	စက်ပြင်ဆိုင်	se' pjin zain
location (f) de vêtements	ဝတ်စုံအငှါးဆိုင်	wa' zoun ahnga: zain
location (f) de films	အခွေငှါးဆိုင်	akhwei hnga: zain:
cirque (m)	ဆပ်ကပ်	hsa' ka'
zoo (m)	တိရစ္ဆာန်ဥယျာဉ်	tharei' hsan u. jin
cinéma (m)	ရုပ်ရှင်ရုံ	jou' shin joun
musée (m)	ပြတိုက်	pja. dai'
bibliothèque (f)	စာကြည့်တိုက်	sa gji. dai'
théâtre (m)	ကဇာတ်ရုံ	ka. za' joun
opéra (m)	အော်ပရာဇာတ်ရုံ	o pa ra za' joun
boîte (f) de nuit	နိုက်ကလပ်	nai' ka. la'
casino (m)	လောင်းကစားရုံ	laun: gaza: joun
mosquée (f)	ဗလီ	bali
synagogue (f)	ရှူဟာဒီဘုရား ရှိုးကျောင်း	ja. hu di bu. ja: shi. gou: gjaun:
cathédrale (f)	ဘုရားရှိခိုးကျောင်းတော်	hpaja: gjaun: do:
temple (m)	ဘုရားကျောင်း	hpaja: gjaun:
église (f)	ဘုရားကျောင်း	hpaja: gjaun:
institut (m)	တက္ကသိုလ်	te' kathou
université (f)	တက္ကသိုလ်	te' kathou
école (f)	စာသင်ကျောင်း	sa dhin gjaun:
préfecture (f)	စီရင်စုနယ်	si jin zu. ne
mairie (f)	မြို့တော်ခန်းမ	mjou. do gan: ma.
hôtel (m)	ဟိုတယ်	hou te
banque (f)	ဘဏ်	ban
ambassade (f)	သံရုံး	than joun:
agence (f) de voyages	ခရီးသွားလုပ်ငန်း	khaji: thwa: lou' ngan:
bureau (m) d'information	သတင်းအချက်အလက်ဌာန	dhadin: akje' ale' hta. na.
bureau (m) de change	ငွေလဲရန်နေရာ	ngwei le: jan nei ja
métro (m)	မြေအောက်ဉမင်လမ်း	mjei au' u. min lan:
hôpital (m)	ဆေးရုံ	hsei: joun
station-service (f)	ဆီဆိုင်	hsi: zain
parking (m)	ကားပါကင်	ka: pa kin

55. Les enseignes. Les panneaux

enseigne (f)	ဆိုင်းဘုတ်	hsain: bou'
pancarte (f)	သတိပေးစာ	dhadi. pei: za
poster (m)	ပိုစတာ	pou sata
indicateur (m) de direction	လမ်းညွှန်	lan: hnjun
flèche (f)	လမ်းညွှန်မြှား	lan: hnjun hmja:
avertissement (m)	သတိပေးခြင်း	dhadi. pei: gjin:
panneau d'avertissement	သတိပေးချက်	dhadi. pei: gje'

avertir (vt)	သတိပေးသည်	dhadi. pei: de
jour (m) de repos	ရုံးပိတ်ရက်	joun: bei' je'
horaire (m)	အချိန်ဇယား	achein zaja:
heures (f pl) d'ouverture	ဖွင့်ချိန်	hpwin. gjin
BIENVENUE!	ကြိုဆိုပါသည်	kjou hsou ba de
ENTRÉE	ဝင်ပေါက်	win bau'
SORTIE	ထွက်ပေါက်	htwe' pau'
POUSSER	တွန်းသည်	tun: de
TIRER	ဆွဲသည်	hswe: de
OUVERT	ဖွင့်သည်	hpwin. de
FERMÉ	ပိတ်သည်	pei' te
FEMMES	အမျိုးသမီးသုံး	amjou: dhami: dhoun:
HOMMES	အမျိုးသားသုံး	amjou: dha: dhoun:
RABAIS	လျှော့ဈေး	sho. zei:
SOLDES	လျှော့ဈေး	sho. zei:
NOUVEAU!	အသစ်	athi'
GRATUIT	အခမဲ့	akha me.
ATTENTION!	သတိ	thadi.
COMPLET	အလွတ်မရှိ	alu' ma shi.
RÉSERVÉ	ကြိုတင်မှာယူထားပြီး	kjou tin hma ju da: bji:
ADMINISTRATION	စီမံအုပ်ချုပ်ခြင်း	si man ou' chou' chin:
RÉSERVÉ AU PERSONNEL	အမှုထမ်းအတွက်အသာ	ahmu. htan: atwe' atha
ATTENTION CHIEN MÉCHANT	ခွေးကိုက်တတ်သည်	khwei: kai' ta' te
DÉFENSE DE FUMER	ဆေးလိပ်မသောက်ရ	hsei: lei' ma. dhau' ja.
PRIÈRE DE NE PAS TOUCHER	မထိရ	ma. di. ja.
DANGEREUX	အန္တရာယ်ရှိသည်	an dare shi. de.
DANGER	အန္တရာယ်	an dare
HAUTE TENSION	ဗို့အားပြင်း	bou. a: bjin:
BAIGNADE INTERDITE	ရေမကူးရ	jei ma. gu: ja.
HORS SERVICE	ပျက်နေသည်	pje' nei de
INFLAMMABLE	မီးလောင်တတ်သည်	mi: laun da' te
INTERDIT	တားမြစ်သည်	ta: mji' te
PASSAGE INTERDIT	မကျူးကျော်ရ	ma. gju: gjo ja
PEINTURE FRAÎCHE	ဆေးမခြောက်သေး	hsei: ma. gjau' dhei:

56. Les transports en commun

autobus (m)	ဘတ်စ်ကား	ba's ka:
tramway (m)	ဓာတ်ရထား	da' ja hta:
trolleybus (m)	ဓာတ်ကား	da' ka:
itinéraire (m)	လမ်းကြောင်း	lan: gjaun:
numéro (m)	ကားနံပါတ်	ka: nan ba'
prendre ...	ယဉ်စီးသည်	jin zi: de

monter (dans l'autobus)	ထိုင်သည်	htain de
descendre de ...	ကားပေါ်မှဆင်းသည်	ka: bo hma. zin: de
arrêt (m)	မှတ်တိုင်	hma' tain
arrêt (m) prochain	နောက်မှတ်တိုင်	nau' hma' tain
terminus (m)	အဆုံးမှတ်တိုင်	ahsoun: hma' tain
horaire (m)	အချိန်ဇယား	achein zaja:
attendre (vt)	စောင့်သည်	saun. de
ticket (m)	လက်မှတ်	le' hma'
prix (m) du ticket	ယာဉ်စီးခ	jin zi: ga.
caissier (m)	ငွေကိုင်	ngwei gain
contrôle (m) des tickets	လက်မှတ်စစ်ဆေးခြင်း	le' hma' ti' hsei: chin
contrôleur (m)	လက်မှတ်စစ်ဆေးသူ	le' hma' ti' hsei: dhu:
être en retard	နောက်ကျသည်	nau' kja. de
rater (~ le train)	ကားနောက်ကျသည်	ka: nau' kja de
se dépêcher	အမြန်လုပ်သည်	aman lou' de
taxi (m)	တက္ကစီ	te' kasi
chauffeur (m) de taxi	တက္ကစီမောင်းသူ	te' kasi maun: dhu
en taxi	တက္ကစီဖြင့်	te' kasi hpjin.
arrêt (m) de taxi	တက္ကစီစရပ်	te' kasi zu. ja'
appeler un taxi	တက္ကစီခေါ်သည်	te' kasi go de
prendre un taxi	တက္ကစီငှားသည်	te' kasi hnga: de
trafic (m)	ယာဉ်အသွားအလာ	jin athwa: ala
embouteillage (m)	ယာဉ်ကြောပိတ်ဆို့မှု	jin gjo: bei' hsou. hmu.
heures (f pl) de pointe	အလုပ်ဆင်းချိန်	alou' hsin: gjain
se garer (vp)	ယာဉ်ရပ်နားရန်နေရာယူသည်	jin ja' na: jan nei ja ju de
garer (vt)	ကားအားပါကင်ထိုးသည်	ka: a: pa kin dou: de
parking (m)	ပါကင်	pa gin
métro (m)	မြေအောက်ဥမင်လမ်း	mjei au' u. min lan:
station (f)	ဘူတာရုံ	bu da joun
prendre le métro	မြေအောက်ရထားဖြင့်သွားသည်	mjei au' ja. da: bjin. dhwa: de
train (m)	ရထား	jatha:
gare (f)	ရထားဘူတာရုံ	jatha: buda joun

57. Le tourisme

monument (m)	ရုပ်တု	jou' tu.
forteresse (f)	ခံတပ်ကြီး	khwan da' kji:
palais (m)	နန်းတော်	nan do
château (m)	ရဲတိုက်	je: dai'
tour (f)	မျှော်စင်	hmjo zin
mausolée (m)	ဂူဗိမာန်	gu bi. man
architecture (f)	ဗိသုကာပညာ	bi. thu. ka pjin nja
médiéval (adj)	အလယ်ခေတ်နှင့်ဆိုင်သော	ale khei' hnin. zain de.
ancien (adj)	ရှေးကျသော	shei: gja. de
national (adj)	အမျိုးသားနှင့်ဆိုင်သော	amjou: dha: hnin. zain de.
connu (adj)	နာမည်ကြီးသော	na me gji: de.

touriste (m)	ကမ္ဘာလှည့်ခရီးသည်	ga ba hli. kha. ji: de
guide (m) (personne)	လမ်းညွှန်	lan: hnjun
excursion (f)	လေ့လာရေးခရီး	lei. la jei: gaji:
montrer (vt)	ပြသည်	pja. de
raconter (une histoire)	ပြောပြသည်	pjo: bja. de
trouver (vt)	ရှာတွေ့သည်	sha dwei. de
se perdre (vp)	ပျောက်သည်	pjau' te
plan (m) (du metro, etc.)	မြေပုံ	mjei boun
carte (f) (de la ville, etc.)	မြေပုံ	mjei boun
souvenir (m)	အမှတ်တရလက်ဆောင်ပစ္စည်း	ahma' ta ra le' hsaun pji' si:
boutique (f) de souvenirs	လက်ဆောင်ပစ္စည်းဆိုင်	le' hsaun pji' si: zain
prendre en photo	ဓာတ်ပုံရိုက်သည်	da' poun jai' te
se faire prendre en photo	ဓာတ်ပုံရိုက်သည်	da' poun jai' te

58. Le shopping

acheter (vt)	ဝယ်သည်	we de
achat (m)	ဝယ်စရာ	we zaja
faire des achats	ဈေးဝယ်ထွက်ခြင်း	zei: we htwe' chin:
shopping (m)	ရှော့ပင်	sho. bin:
être ouvert	ဆိုင်ဖွင့်သည်	hsain bwin. de
être fermé	ဆိုင်ပိတ်သည်	hseun bi' te
chaussures (f pl)	ဖိနပ်	hpana'
vêtement (m)	အဝတ်အစား	awu' aza:
produits (m pl) de beauté	အလှကုန်ပစ္စည်း	ahla. koun pji' si:
produits (m pl) alimentaires	စားသောက်ကုန်	sa: thau' koun
cadeau (m)	လက်ဆောင်	le' hsaun
vendeur (m)	ရောင်းသူ	jaun: dhu
vendeuse (f)	ရောင်းသူ	jaun: dhu
caisse (f)	ငွေရှင်းရန်နေရာ	ngwei shin: jan nei ja
miroir (m)	မှန်	hman
comptoir (m)	ကောင်တာ	kaun da
cabine (f) d'essayage	အဝတ်လဲခန်း	awu' le: gan:
essayer (robe, etc.)	တိုင်းကြည့်သည်	tain: dhi. de
aller bien (robe, etc.)	သင့်တော်သည်	thin. do de
plaire (être apprécié)	ကြိုက်သည်	kjai' de
prix (m)	ဈေးနှုန်း	zei: hnan:
étiquette (f) de prix	ဈေးနှုန်းကပ်ပြား	zei: hnan: ka' pja:
coûter (vt)	ကုန်ကျသည်	koun mja. de
Combien?	ဘယ်လောက်လဲ	be lau' le:
rabais (m)	လျှော့ဈေး	sho. zei:
pas cher (adj)	ဈေးမကြီးသော	zei: ma. kji: de.
bon marché (adj)	ဈေးပေါသော	zei: po: de.
cher (adj)	ဈေးကြီးသော	zei: kji: de.
C'est cher	ဒါဈေးကြီးတယ်	da zei: gji: de

location (f)	ငှားရမ်းခြင်း	hna: jan: chin:
louer (une voiture, etc.)	ငှားရမ်းသည်	hna: jan: de
crédit (m)	အကြွေးစနစ်	akjwei: sani'
à crédit (adv)	အကြွေးစနစ်ဖြင့်	akjwei: sa ni' hpjin.

59. L'argent

argent (m)	ပိုက်ဆံ	pai' hsan
échange (m)	လဲလှယ်ခြင်း	le: hle gjin:
cours (m) de change	ငွေလဲနှုန်း	ngwei le: hnan:
distributeur (m)	အလိုအလျောက်ငွေထုတ်စက်	alou aljau' ngwei htou' se'
monnaie (f)	အကြွေစေ့	akjwei zei.
dollar (m)	ဒေါ်လာ	do la
euro (m)	ယူရို	ju rou
lire (f)	အီတလီလိုင်ရာငွေ	ita. li lain ja ngwei
mark (m) allemand	ဂျာမန်မတ်ငွေ	gja man ma' ngwei
franc (m)	ဖရန့်	hpa. jan.
livre sterling (f)	စတာလင်ပေါင်	sata lin baun
yen (m)	ယန်း	jan:
dette (f)	အကြွေး	akjwei:
débiteur (m)	မြီစား	mji za:
prêter (vt)	ချေးသည်	chei: de
emprunter (vt)	အကြွေးယူသည်	akjwei: ju de
banque (f)	ဘဏ်	ban
compte (m)	ငွေစာရင်း	ngwei za jin:
verser (dans le compte)	ထည့်သည်	hte de.
verser dans le compte	ငွေသွင်းသည်	ngwei dhwin: de
retirer du compte	ငွေထုတ်သည်	ngwei dou' te
carte (f) de crédit	အကြွေးဝယ်ကဒ်ပြား	akjwei: we ka' pja
espèces (f pl)	လက်ငင်း	le' ngin:
chèque (m)	ချက်	che'
faire un chèque	ချက်ရေးသည်	che' jei: de
chéquier (m)	ချက်စာအုပ်	che' sa ou'
portefeuille (m)	ပိုက်ဆံအိတ်	pai' hsan ei'
bourse (f)	ပိုက်ဆံအိတ်	pai' hsan ei'
coffre fort (m)	မီးခံသေတ္တာ	mi: gan dhi' ta
héritier (m)	အမွေစား အမွေခံ	amwei za: amwei gan
héritage (m)	အမွေဆက်ခံခြင်း	amwei ze' khan gjin:
fortune (f)	အခွင့်အလမ်း	akhwin. alan:
location (f)	အိမ်ငှား	ein hnga:
loyer (m) (argent)	အခန်းငှားခ	akhan: hnga: ga
louer (prendre en location)	ငှားသည်	hnga: de
prix (m)	ဈေးနှုန်း	zei: hnan:
coût (m)	ကုန်ကျစရိတ်	koun gja. za. ji'
somme (f)	ပေါင်းလဒ်	paun: la'

dépenser (vt)	သုံးစွဲသည်	thoun: zwe: de
dépenses (f pl)	စရိတ်စက	zaei' zaga.
économiser (vt)	ချေတာသည်	chwei da de
économe (adj)	တွက်ခြေကိုက်သော	twe' chei kai' te.

payer (régler)	ပေးချေသည်	pei: gjei de
paiement (m)	ပေးချေသည့်ငွေ	pei: gjei de. ngwei
monnaie (f) (rendre la ~)	ပြန်အမ်းငွေ	pjan an: ngwe

impôt (m)	အခွန်	akhun
amende (f)	ဒဏ်ငွေ	dan ngwei
mettre une amende	ဒဏ်ရိုက်သည်	dan jai' de

60. La poste. Les services postaux

poste (f)	စာတိုက်	sa dai'
courrier (m) (lettres, etc.)	မေးလ်	mei: l
facteur (m)	စာပို့သမား	sa bou. dhama:
heures (f pl) d'ouverture	ဖွင့်ချိန်	hpwin. gjin

lettre (f)	စာ	sa
recommandé (m)	မှတ်ပုံတင်ပြီးသောစာ	hma' poun din bji: dho: za:
carte (f) postale	ပို့စကဒ်	pou. sa. ka'
télégramme (m)	ကြေးနန်း	kjei: nan:
colis (m)	ပါဆယ်	pa ze
mandat (m) postal	ငွေလွှဲခြင်း	ngwei hlwe: gjin:

recevoir (vt)	လက်ခံရရှိသည်	le' khan ja. shi. de
envoyer (vt)	ပို့သည်	pou. de
envoi (m)	ပို့ခြင်း	pou. gjin:

adresse (f)	လိပ်စာ	lei' sa
code (m) postal	စာပို့သင်္ကေတ	sa bou dhin kei ta.
expéditeur (m)	ပို့သူ	pou. dhu
destinataire (m)	လက်ခံသူ	le' khan dhu

prénom (m)	အမည်	amji
nom (m) de famille	မိသားစု မျိုးရိုးနာမည်	mi. dha: zu. mjou: jou: na mji

tarif (m)	စာပို့ခ နှုန်းထား	sa bou. kha. hnan: da:
normal (adj)	စံနှုန်းသတ်မှတ်ထားသော	san hnoun: dha' hma' hta: de.
économique (adj)	ကုန်ကျငွေသက်သာသော	koun gja ngwe dhe' dha de.

poids (m)	အလေးချိန်	alei: gjein
peser (~ les lettres)	ချိန်သည်	chein de
enveloppe (f)	စာအိတ်	sa ei'
timbre (m)	တံဆိပ်ခေါင်း	da zei' khaun:
timbrer (vt)	တံဆိပ်ခေါင်းကပ်သည်	da zei' khaun: ka' te

Le logement. La maison. Le foyer

61. La maison. L'électricité

électricité (f)	လျှပ်စစ်ဓာတ်အား	hlja' si' da' a:
ampoule (f)	မီးသီး	mi: dhi:
interrupteur (m)	ခလုတ်	khalou'
plomb, fusible (m)	ဖျူးစ်	hpju: s
fil (m) (~ électrique)	ဝိုင်ယာကြိုး	wain ja gjou:
installation (f) électrique	လျှပ်စစ်ကြိုးသွယ်တန်းမှု	hlja' si' kjou: dhwe dan: hmu
compteur (m) électrique	လျှပ်စစ်စီတာ	hlja' si' si da
relevé (m)	ပြသောပမာဏ	pja. dho: ba ma na.

62. La villa et le manoir

maison (f) de campagne	တောအိမ်	to: ein
villa (f)	ကမ်းခြေအပန်းဖြေအိမ်	kan: gjei apan: hpjei ein
aile (f) (~ ouest)	တံစက်မြိတ်	toun ze' mei'
jardin (m)	ဥယျာဉ်	u. jin
parc (m)	ပန်းခြံ	pan: gjan
serre (f) tropicale	ဖန်လုံအိမ်	hpan ain
s'occuper (~ du jardin)	ပြုစုစောင့်ရှောက်သည်	pju. zu. zaun. shau' te
piscine (f)	ရေကူးကန်	jei ku: gan
salle (f) de gym	အိမ်တွင်း ကျန်းမာ	ein dwin: gjan: ma
	ရေးခလုကျင့်ရှ	jei: lei. gjin. joun
court (m) de tennis	တင်းနစ်ကွင်း	tin: ni' kwin:
salle (f) de cinéma	အိမ်တွင်း ရုပ်ရှင်ရုံ	ein dwin: jou' shin joun
garage (m)	ဂိုဒေါင်	gou daun
propriété (f) privée	တသီးပုဂ္ဂလိက	tadhi: pou' ga li ka.
	ပိုင်ဆိုင်မြေပစ္စည်း	bain: zain mjei pji' si:
terrain (m) privé	တသီးပုဂ္ဂလိကပိုင်နယ်မြေ	tadhi: pou' ga li ka. bain: mjei
avertissement (m)	သတိပေးချက်	dhadi. pei: gje'
panneau d'avertissement	သတိပေးဆိုင်းပုဒ်	dhadi. pei: zain: bou'
sécurité (f)	လုံခြုံရေး	loun gjoun jei:
agent (m) de sécurité	လုံခြုံရေးအစောင့်	loun gjoun jei: asaun.
alarme (f) antivol	သူခိုးလှန့်ခေါင်းလောင်း	thu khou: hlan. khaun: laun:

63. L'appartement

appartement (m)	တိုက်ခန်း	tai' khan:
chambre (f)	အခန်း	akhan:

chambre (f) à coucher	အိပ်ခန်း	ei' khan:
salle (f) à manger	ထမင်းစားခန်း	htamin: za: gan:
salon (m)	ဧည့်ခန်း	e. gan:
bureau (m)	အိမ်တွင်းရုံးခန်းလေး	ein dwin: joun: gan: lei:
antichambre (f)	ဝင်ပေါက်	win bau'
salle (f) de bains	ရေချိုးခန်း	jei gjou gan:
toilettes (f pl)	အိမ်သာ	ein dha
plafond (m)	မျက်နှာကျက်	mje' hna gje'
plancher (m)	ကြမ်းပြင်	kan: pjin
coin (m)	ထောင့်	htaun.

64. Les meubles. L'intérieur

meubles (m pl)	ပရိဘောဂ	pa ri. bo: ga.
table (f)	စားပွဲ	sa: bwe:
chaise (f)	ကုလားထိုင်	kala; dain
lit (m)	ကုတင်	ku din
canapé (m)	ဆိုဖာ	hsou hpa
fauteuil (m)	လက်တင်ပါသောကုလားထိုင်	le' tin ba dho: ku. la: dain
bibliothèque (f) (meuble)	စာအုပ်စင်	sa ou' sin
rayon (m)	စင်	sin
armoire (f)	ဗီရို	bi jou
patère (f)	နံရံကပ်အဝတ်ချိတ်စင်	nan jan ga' awu' gei' zin
portemanteau (m)	အဝတ်ချိတ်စင်	awu' gjei' sin
commode (f)	အံဆွဲပါ မှန်တင်ခုံ	an. zwe: pa hman din khoun
table (f) basse	စားပွဲပု	sa: bwe: bu.
miroir (m)	မှန်	hman
tapis (m)	ကော်ဇော	ko zo:
petit tapis (m)	ကော်ဇော	ko zo:
cheminée (f)	မီးလင်ဖို	mi: lin: bou
bougie (f)	ဖယောင်းတိုင်	hpa. jaun dain
chandelier (m)	ဖယောင်းတိုင်စိုက်သောတိုင်	hpa. jaun dain zou' tho dain
rideaux (m pl)	ခန်းဆီးရှည်	khan: zi: shei
papier (m) peint	နံရံကပ်စက္ကူ	nan jan ga' se' ku
jalousie (f)	ယင်းလိပ်	jin: lei'
lampe (f) de table	စားပွဲတင်မီးအိမ်	sa: bwe: din mi: ein
applique (f)	နံရံကပ်မီး	nan jan ga' mi:
lampadaire (m)	မတ်တပ်မီးစလောင်း	ma' ta' mi: za. laun:
lustre (m)	မီးပန်းဆိုင်း	mi: ban: zain:
pied (m) (~ de la table)	ခြေထောက်	chei htau'
accoudoir (m)	လက်တန်း	le' tan:
dossier (m)	နောက်မှီ	nau' mi
tiroir (m)	အံဆွဲ	an. zwe:

65. La literie

linge (m) de lit	အိပ်ရာခင်းများ	ei' ja khin: mja:
oreiller (m)	ခေါင်းအုံး	gaun: oun:
taie (f) d'oreiller	ခေါင်းအုံးစွပ်	gaun: zu'
couverture (f)	စောင်	saun
drap (m)	အိပ်ရာခင်း	ei' ja khin:
couvre-lit (m)	အိပ်ရာဖုံး	ei' ja hpoun:

66. La cuisine

cuisine (f)	မီးဖိုခန်း	mi: bou gan:
gaz (m)	ဓာတ်ငွေ့	da' ngwei.
cuisinière (f) à gaz	ဂတ်စ်မီးဖို	ga' s mi: bou
cuisinière (f) électrique	လျှပ်စစ်မီးဖို	hlja' si' si: bou
four (m)	မုန့်ဖုတ်ရန်ဖို	moun. bou' jan bou
four (m) micro-ondes	မိုက်ခရိုဝေ့ဗ်	mou' kha. jou wei. b
réfrigérateur (m)	ရေခဲသေတ္တာ	je ge: dhi' ta
congélateur (m)	ရေခဲခန်း	jei ge: gan:
lave-vaisselle (m)	ပန်းကန်ဆေးစက်	bagan: zei: ze'
hachoir (m) à viande	အသားကြိတ်စက်	atha: kjei' za'
centrifugeuse (f)	အသီးဖျော်စက်	athi: hpjo ze'
grille-pain (m)	ပေါင်မုန့်ကင်စက်	paun moun. gin ze'
batteur (m)	မွှေစက်	hmwei ze'
machine (f) à café	ကော်ဖီဖျော်စက်	ko hpi hpjo ze'
cafetière (f)	ကော်ဖီအိုး	ko hpi ou:
moulin (m) à café	ကော်ဖီကြိတ်စက်	ko hpi kjei ze'
bouilloire (f)	ရေနွေးကရားအိုး	jei nwei: gaja: ou:
théière (f)	လက်ဘက်ရည်အိုး	le' be' ji ou:
couvercle (m)	အိုးအဖုံး	ou: ahpoun:
passoire (f) à thé	လက်ဖက်ရည်စစ်	le' hpe' ji zi'
cuillère (f)	ဇွန်း	zun:
petite cuillère (f)	လက်ဖက်ရည်ဇွန်း	le' hpe' ji zwan:
cuillère (f) à soupe	အရည်သောက်ဇွန်း	aja: dhau' zun:
fourchette (f)	ခက်ရင်း	khajin:
couteau (m)	ဓား	da:
vaisselle (f)	အိုးခွက်ပန်းကန်	ou: kwe' pan: gan
assiette (f)	ပန်းကန်ပြား	bagan: bja:
soucoupe (f)	အောက်ခံပန်းကန်ပြား	au' khan ban: kan pja:
verre (m) à shot	ဖန်ခွက်	hpan gwe'
verre (m) (~ d'eau)	ဖန်ခွက်	hpan gwe'
tasse (f)	ခွက်	khwe'
sucrier (m)	သကြားခွက်	dhagja: khwe'
salière (f)	ဆားဘူး	hsa: bu:
poivrière (f)	ငြုတ်ကောင်းဘူး	njou' kaun: bu:

beurrier (m)	ထောပတ်ခွက်	hto: ba' khwe'
casserole (f)	ပေါင်းအိုး	paun: ou:
poêle (f)	ဟင်းကြော်အိုး	hin: gjo ou:
louche (f)	ဟင်းစပ်ဇွန်း	hin: ga' zun
passoire (f)	ဆန်ခါ	zaga
plateau (m)	လင်ပန်း	lin ban:

bouteille (f)	ပုလင်း	palin:
bocal (m) (à conserves)	ဖန်ဘူး	hpan bu:
boîte (f) en fer-blanc	သံဘူး	than bu:

ouvre-bouteille (m)	ပုလင်းဖောက်တံ	pu. lin: bau' tan
ouvre-boîte (m)	သံဘူးဖောက်တံ	than bu: bau' tan
tire-bouchon (m)	ဝက်အူဖောက်တံ	we' u bau' dan
filtre (m)	ရေစစ်	jei zi'
filtrer (vt)	စစ်သည်	si' te

ordures (f pl)	အမှိုက်	ahmai'
poubelle (f)	အမှိုက်ပုံး	ahmai' poun:

67. La salle de bains

salle (f) de bains	ရေချိုးခန်း	jei gjou gan:
eau (f)	ရေ	jei
robinet (m)	ရေပိုက်ခေါင်း	jei bai' khaun:
eau (f) chaude	ရေပူ	jei bu
eau (f) froide	ရေအေး	jei ei:

dentifrice (m)	သွားတိုက်ဆေး	thwa: tai' hsei:
se brosser les dents	သွားတိုက်သည်	thwa: tai' te
brosse (f) à dents	သွားတိုက်တံ	thwa: tai' tan

se raser (vp)	ရိတ်သည်	jei' te
mousse (f) à raser	မုတ်ဆိတ်ရိတ်သုံး ဆပ်ပြာမြှုပ်	mou' hsei' jei' thoun: za' pja hmjou'
rasoir (m)	သင်တုန်းဓား	thin toun: da:

laver (vt)	ဆေးသည်	hsei: de
se laver (vp)	ရေချိုးသည်	jei gjou: de
douche (f)	ရေပန်း	jei ban:
prendre une douche	ရေချိုးသည်	jei gjou: de

baignoire (f)	ရေချိုးကန်	jei gjou: gan
cuvette (f)	အိမ်သာ	ein dha
lavabo (m)	လက်ဆေးကန်	le' hsei: kan

savon (m)	ဆပ်ပြာ	hsa' pja
porte-savon (m)	ဆပ်ပြာခွက်	hsa' pja gwe'

éponge (f)	ရေမြှုပ်	jei hmjou'
shampooing (m)	ခေါင်းလျှော်ရည်	gaun: sho je
serviette (f)	တဘက်	tabe'
peignoir (m) de bain	ရေချိုးခန်းဝတ်စုံ	jei gjou: gan: wu' soun
lessive (f) (faire la ~)	အဝတ်လျှော်ခြင်း	awu' sho gjin

machine (f) à laver	အဝတ်လျှော်စက်	awu' sho ze'
faire la lessive	ဒီဘီလျှော်သည်	dou bi jo de
lessive (f) (poudre)	အဝတ်လျှော်ဆပ်ပြာမှုန့်.	awu' sho hsa' pja hmun.

68. Les appareils électroménagers

téléviseur (m)	ရုပ်မြင်သံကြားစက်	jou' mjin dhan gja: ze'
magnétophone (m)	အသံသွင်းစက်	athan dhwin: za'
magnétoscope (m)	ဗီဒီယိုပြစက်	bi di jou bja. ze'
radio (f)	ရေဒီယို	rei di jou
lecteur (m)	ပလေယာစက်	pa. lei ja ze'

vidéoprojecteur (m)	ဗီဒီယိုပရိုဂျက်တာ	bi di jou pa. jou gje' da
home cinéma (m)	အိမ်တွင်းရုပ်ရှင်ခန်း	ein dwin: jou' shin gan:
lecteur DVD (m)	ဒီဗီဒီပလေယာ	di bi di ba lei ja
amplificateur (m)	အသံချဲ့စက်	athan che. zek
console (f) de jeux	ဂိမ်းခလုတ်	gein: kha lou'

caméscope (m)	ဗွီဒီယိုကင်မရာ	bwi di jou kin ma. ja
appareil (m) photo	ကင်မရာ	kin ma. ja
appareil (m) photo numérique	ဒီဂျစ်တယ်ကင်မရာ	digji' te gin ma. ja

aspirateur (m)	ဖုန်စုပ်စက်	hpoun zou' se'
fer (m) à repasser	မီးပူ	mi: bu
planche (f) à repasser	မီးပူတိုက်ရန်စင်	mi: bu tai' jan zin

téléphone (m)	တယ်လီဖုန်း	te li hpoun:
portable (m)	မိုဘိုင်းဖုန်း	mou bain: hpoun:
machine (f) à écrire	လက်နှိပ်စက်	le' hnei' se'
machine (f) à coudre	အပ်ချုပ်စက်	a' chou' se'

micro (m)	စကားပြောဂွက်	zaga: bjo gwe'
écouteurs (m pl)	နားကြပ်	na: kja'
télécommande (f)	အဝေးထိန်းကိရိယာ	awei: htin: ki. ja. ja

CD (m)	ဗီဒီပြား	si di bja:
cassette (f)	တိပ်ခွေ	tei' khwei
disque (m) (vinyle)	ရေးခေတ်သုံးဓာတ်ပြား	shei: gi' thoun da' pja:

LES ACTIVITÉS HUMAINS

Le travail. Les affaires. Partie 1

69. Le bureau. La vie de bureau

bureau (m) (établissement)	ရုံး	joun:
bureau (m) (au travail)	ရုံးခန်း	joun: gan:
accueil (m)	ကြိုဆိုလက်ခံရာနေရာ	kjou hsou le' khan ja nei ja
secrétaire (m)	အတွင်းရေးမှူး	atwin: jei: hmu:
secrétaire (f)	အတွင်းရေးမှူးမ	atwin: jei: hmu: ma
directeur (m)	ဒါရိုက်တာ	da je' ta
manager (m)	မန်နေဂျာ	man nei gji
comptable (m)	စာရင်းကိုင်	sajin: gain
collaborateur (m)	ဝန်ထမ်း	wun dan:
meubles (m pl)	ပရိဘောဂ	pa ri. bo: ga.
bureau (m)	စားပွဲ	sa: bwe:
fauteuil (m)	အလုပ်ထိုင်ခုံ	alou' htain goun
classeur (m) à tiroirs	အံဆွဲပါသောပရိဘောဂအစုံ	an. zwe: dho: pa. ji. bo: ga. soun
portemanteau (m)	ကုတ်အင်္ကျီချိတ်စင်	kou' akji gji' sin
ordinateur (m)	ကွန်ပျူတာ	kun pju ta
imprimante (f)	ပုံနှိပ်စက်	poun nei' se'
fax (m)	ဖက်စ်ကူးစက်	hpe's ku: ze'
copieuse (f)	ဓာတ်ပုံကူးစက်	da' poun gu: ze'
papier (m)	စက္ကူ	se' ku
papeterie (f)	ရုံးသုံးကိရိယာများ	joun: dhoun: gi. ji. ja mja:
tapis (m) de souris	မောက်စ်အောက်ခံပြား	mau's au' gan bja:
feuille (f)	အရွက်	ajwa'
classeur (m)	ဖိုင်	hpain
catalogue (m)	စာရင်း	sajin:
annuaire (m)	ဖုန်းလမ်းညွှန်	hpoun: lan: hnjun
documents (m pl)	မှတ်တမ်းတင်ခြင်း	hma' tan: din gjin:
brochure (f)	ကြော်ငြာစာစောင်	kjo nja za zaun
prospectus (m)	လက်ကမ်းစာစောင်	le' kan: za zaun:
échantillon (m)	နမူနာ	na. mu na
formation (f)	လေ့ကျင့်ရေးအစည်းအဝေး	lei. kjin. jei: asi: awei:
réunion (f)	အစည်းအဝေး	asi: awei:
pause (f) déjeuner	နေ့လည်စာစားချိန်	nei. le za za: gjein
faire une copie	မိတ္တူကူးသည်	mi' tu gu: de
faire des copies	မိတ္တူကူးသည်	mi' tu gu: de
recevoir un fax	ဖက်စ်လက်ခံရရှိသည်	hpe's le' khan ja. shi. de

envoyer un fax	ဖက်စ်ပို့သည်	hpe's pou. de
téléphoner, appeler	ဖုန်းဆက်သည်	hpoun: ze' te
répondre (vi, vt)	ဖြေသည်	hpjei de
passer (au téléphone)	ဆက်သွယ်သည်	hse' thwe de
fixer (rendez-vous)	စီစဉ်သည်	si zin de
montrer (un échantillon)	သရုပ်ပြသည်	thajou' pja. de
être absent	ပျက်ကွက်သည်	pje' kwe' te
absence (f)	ပျက်ကွက်ခြင်း	pje' kwe' chin

70. Les processus d'affaires. Partie 1

affaire (f) (business)	လုပ်ငန်း	lou' ngan:
métier (m)	လုပ်ဆောင်မှု	lou' hsaun hmu.
firme (f), société (f)	စီးပွားရေးလုပ်ငန်း	si: bwa: jei: lou' ngan:
compagnie (f)	ကုမ္ပဏီ	koun pani
corporation (f)	ကော်ပိုရေးရှင်း	ko bou jei: shin:
entreprise (f)	စီးပွားရေးလုပ်ငန်း	si: bwa: jei: lou' ngan:
agence (f)	ကိုယ်စားလှယ်လုပ်ငန်း	kou za: hle lou' ngan:
accord (m)	သဘောတူညီမှုစာချုပ်	dhabo: tu nji hmu. za gjou'
contrat (m)	ကန်ထရိုက်	kan ta jou'
marché (m) (accord)	အဝေးအလှ	apei: aju
commande (f)	ကြိုတင်မှာယူခြင်း	kjou din hma ju chin:
terme (m) (~ du contrat)	စည်းကမ်းချက်	si: kan: gje'
en gros (adv)	လက်ကား	le' ka:
en gros (adj)	လက်ကားဖြစ်သော	le' ka: bji' te.
vente (f) en gros	လက်ကားရောင်းချမှု	le' ka: jaun: gja. hmu.
au détail (adj)	လက်လီစနစ်	le' li za. ni'
vente (f) au détail	လက်လီရောင်းချမှု	le' li jaun: gja. hmu.
concurrent (m)	ပြိုင်ဘက်	pjain be'
concurrence (f)	ပြိုင်ဆိုင်မှု	pjain zain hmu
concurrencer (vt)	ပြိုင်ဆိုင်သည်	pjain zain de
associé (m)	စီးပွားဖက်	si: bwa: be'
partenariat (m)	စီးပွားဖက်ဖြစ်ခြင်း	si: bwa: be' bji' chin:
crise (f)	အခက်အခဲကာလ	akhe' akhe: ga la.
faillite (f)	ဒေဝါလီခံရခြင်း	dei wa li gan ja gjin
faire faillite	ဒေဝါလီခံသည်	dei wa li gan de
difficulté (f)	အခက်အခဲ	akhe' akhe:
problème (m)	ပြဿနာ	pjadhana
catastrophe (f)	ကပ်ဘေး	ka' bei:
économie (f)	စီးပွားရေး	si: bwa: jei:
économique (adj)	စီးပွားရေးနှင့်ဆိုင်သော	si: bwa: jei: hnin zain de.
baisse (f) économique	စီးပွားရေးကျဆင်းမှု	si: bwa: jei: gja zin: hmu.
but (m)	ပန်းတိုင်	pan: dain
objectif (m)	လုပ်ငန်းတာဝန်	lou' ngan: da wan
faire du commerce	ကုန်သွယ်သည်	koun dhwe de

réseau (m) (de distribution)	ကွန်ရက်	kun je'
inventaire (m) (stocks)	ပစ္စည်းစာရင်း	pji' si: za jin:
assortiment (m)	အပိုင်းအခြား	apain: acha:
leader (m)	ခေါင်းဆောင်	gaun: zaun
grande (~ entreprise)	ကြီးမားသော	kji: ma: de.
monopole (m)	တစ်ဦးတည်းချုပ်ကိုင်ထား	ti' u: te: gjou' kain da:
théorie (f)	သီအိုရီ	thi ou ji
pratique (f)	လက်တွေ့	le' twei.
expérience (f)	အတွေ့အကြုံ	atwei. akjoun
tendance (f)	ဦးတည်ရာ	u: ti ja
développement (m)	ဖွံ့ဖြိုးတိုးတက်မှု	hpjun. bjou: dou: de' hmu.

71. Les processus d'affaires. Partie 2

rentabilité (m)	အကျိုးအမြတ်	akjou: amja'
rentable (adj)	အကျိုးအမြတ်ရှိသော	akjou: amja' shi. de.
délégation (f)	ကိုယ်စားလှယ်အဖွဲ့	kou za: hle ahpwe.
salaire (m)	လစာ	la. za
corriger (une erreur)	အမှားပြင်သည်	ahma: pjin de
voyage (m) d'affaires	စီးပွားရေးခရီးစဉ်	si: bwa: jei: khaji: zin
commission (f)	ကော်မရှင်	ko ma. shin
contrôler (vt)	ထိန်းချုပ်သည်	htein: gjou' te
conférence (f)	ဆွေးနွေးပွဲ	hswe: nwe: bwe:
licence (f)	လိုင်စင်	lain zin
fiable (partenaire ~)	ယုံကြည်စိတ်ချရသော	joun kji zei' cha. ja. de.
initiative (f)	စတင်ခြင်း	sa. tin gjin:
norme (f)	စံနှုန်း	san hnoun:
circonstance (f)	အခြေအနေ	achei anei
fonction (f)	တာဝန်	ta wun
entreprise (f)	အဖွဲ့အစည်း	ahpwe. asi:
organisation (f)	စီစဉ်ခြင်း	si zin gjin:
organisé (adj)	စီစဉ်ထားသော	si zin dha de.
annulation (f)	ပယ်ဖျက်ခြင်း	pe hpje' chin:
annuler (vt)	ပယ်ဖျက်သည်	pe hpje' te
rapport (m)	အစီရင်ခံစာ	asi jin gan za
brevet (m)	မူပိုင်ခွင့်	mu bain gwin.
breveter (vt)	မူပိုင်ခွင့်မှတ်ပုံတင်သည်	mu bain gwin. hma' poun din de
planifier (vt)	စီစဉ်သည်	si zin de
prime (f)	အပိုဆုကြေး	apou zu. gjei:
professionnel (adj)	ပညာရှင်အဆင့်တတ်ကျွမ်းသော	pjin nja ahsin da' kjwan. de.
procédure (f)	လုပ်ထုံးလုပ်နည်း	lou' htoun: lou' ne:
examiner (vt)	စဉ်းစားသည်	sin: za: de
calcul (m)	တွက်ချက်ခြင်း	twe' che' chin:
réputation (f)	ဂုဏ်သတင်း	goun dha din:

French	Burmese	Pronunciation
risque (m)	စွန်စားခြင်း	sun. za: gjin:
diriger (~ une usine)	ညွှန်ကြားသည်	hnjun gja: de
renseignements (m pl)	သတင်းအချက်အလက်	dhadin: akje' ale'
propriété (f)	ပိုင်ဆိုင်မှု	pain zain hmu
union (f)	အသင်း	athin:
assurance vie (f)	အသက်အာမခံ	athe' ama. khan
assurer (vt)	အာမခံသည်	a ma. gan de
assurance (f)	အာမခံ	a ma. khan
enchères (f pl)	လေလံပွဲ	lei lan bwe:
notifier (informer)	အကြောင်းကြားသည်	akjaun: kja: de
gestion (f)	အုပ်ချုပ်မှု	ou' chou' hmu.
service (m)	ဝန်ဆောင်မှု	wun: zaun hmu.
forum (m)	ဖိုရမ်	hpou jan
fonctionner (vi)	လည်ပတ်သည်	le ba' te
étape (f)	အဆင့်	ahsin.
juridique (services ~s)	ဥပဒေဆိုင်ရာ	u. ba. dei zain ja
juriste (m)	ရှေ့နေ	shei. nei

72. L'usine. La production

French	Burmese	Pronunciation
usine (f)	စက်ရုံ	se' joun
fabrique (f)	အလုပ်ရုံ	alou' joun
atelier (m)	ဝပ်ရှော့	wu' sho.
site (m) de production	ထုတ်လုပ်ရာလုပ်ငန်းခွင်	htou' lou' ja lou' ngan: gwin
industrie (f)	စက်မှုလုပ်ငန်း	se' hmu. lou' ngan:
industriel (adj)	စက်မှုလုပ်ငန်းနှင့်ဆိုင်သော	se' hmu. lou' ngan: hnin. zain de.
industrie (f) lourde	အကြီးစားစက်မှုလုပ်ငန်း	akji: za: ze' hmu. lou' ngan:
industrie (f) légère	အသေးစားစက်မှုလုပ်ငန်း	athei: za: za' hmu. lou' ngan:
produit (m)	ထုတ်ကုန်	htou' koun
produire (vt)	ထုတ်လုပ်သည်	tou' lou' te
matières (f pl) premières	ကုန်ကြမ်း	koun gjan:
chef (m) d'équipe	အလုပ်သမားခေါင်း	alou' dha ma: gaun:
équipe (f) d'ouvriers	အလုပ်သမားအဖွဲ့	alou' dha ma: ahpwe.
ouvrier (m)	အလုပ်သမား	alou' dha ma:
jour (m) ouvrable	ရုံးဖွင့်ရက်	joun: hpwin je'
pause (f) (repos)	ရပ်နားခြင်း	ja' na: gjin:
réunion (f)	အစည်းအဝေး	asi: awei:
discuter (vt)	ဆွေးနွေးသည်	hswe: nwe: de
plan (m)	အစီအစဉ်	asi asin
accomplir le plan	အကောင်အထည်ဖော်သည်	akaun ahte bo de
norme (f) de production	ကုန်ထုတ်နှုန်း	koun dou' hnan:
qualité (f)	အရည်အသွေး	aji athwei:
contrôle (m)	စစ်ဆေးခြင်း	si' hsei: gjin:
contrôle (m) qualité	အရည်အသွေးစစ်ဆေးသုံးသပ်မှု	aji athwei: za' hsei: thon dha' hma

French	Burmese	Transliteration
sécurité (f) de travail	လုပ်ငန်းခွင်လုံခြုံမှု	lou' ngan: gwin loun gjun hmu.
discipline (f)	စည်းကမ်း	si: kan:
infraction (f)	ချိုးဖောက်ခြင်း	chou: hpau' chin:
violer (les règles)	ချိုးဖောက်သည်	chou: hpau' te
grève (f)	သပိတ်မှောက်ခြင်း	thabei' hmau' chin:
gréviste (m)	သပိတ်မှောက်သူ	thabei' hmau' thu
faire grève	သပိတ်မှောက်သည်	thabei' hmau' te
syndicat (m)	အလုပ်သမားသမဂ္ဂ	alou' dha ma: dha. me' ga
inventer (machine, etc.)	တီထွင်သည်	ti htwin de
invention (f)	တီထွင်မှု	ti htwin hmu.
recherche (f)	သုတေသန	thu. tei thana
améliorer (vt)	တိုးတက်ကောင်းမွန်စေသည်	tou: te' kaun: mun zei de
technologie (f)	နည်းပညာ	ne: bi nja
dessin (m) technique	နည်းပညာဆိုင်ရာပုံကြမ်း	ne bi nja zain ja boun gjan:
charge (f) (~ de 3 tonnes)	ဝန်	wun
chargeur (m)	ကုန်ထည်းသမား	koun din dhama:
charger (véhicule, etc.)	ကုန်တင်သည်	koun din de
chargement (m)	ကုန်တင်ခြင်း	koun din gjin
décharger (vt)	ကုန်ချသည်	koun gja de
déchargement (m)	ကုန်ချခြင်း	koun gja gjin:
transport (m)	သယ်ယူပို့ဆောင်ရေး	the ju bou. zaun jei:
compagnie (f) de transport	သယ်ယူပို့ဆောင်ရေးကုမ္ပဏီ	the ju bou. zaun jei: koun pa. ni
transporter (vt)	ပို့ဆောင်သည်	pou. zaun de
wagon (m) de marchandise	တွဲ	twe:
citerne (f)	တိုင်ကီ	tain ki
camion (m)	ကုန်တင်ကား	koun din ka:
machine-outil (f)	ဖြတ်စက်	hpja' se'
mécanisme (m)	စက်ကိရိယာ	se' kari. ja
déchets (m pl)	စက်ရှုံစွန့်ပစ်ပစ္စည်း	se' joun zun bi' pji' si:
emballage (m)	ထုတ်ပိုးမှု	htou' pou: hmu.
emballer (vt)	ထုတ်ပိုးသည်	htou' pou: de

73. Le contrat. L'accord

French	Burmese	Transliteration
contrat (m)	ကန်ထရိုက်	kan ta jou'
accord (m)	သဘောတူညီမှု	dhabo: tu nji hmu.
annexe (f)	ပူးတွဲ	pu: twe:
signer un contrat	သဘောတူစာချုပ်ချုပ်သည်	dhabo: tu za gjou' gjou' te
signature (f)	လက်မှတ်	le' hma'
signer (vt)	လက်မှတ်ထိုးသည်	le' hma' htou: de
cachet (m)	တံဆိပ်	da zei'
objet (m) du contrat	သဘောတူညီမှု-အကြောင်းအရာ	dhabo: tu nji hmu. akjaun: aja
clause (f)	အပိုဒ်ငယ်	apai' nge

côtés (m pl)	စာချုပ်ပါအဖွဲ့များ	sa gjou' pa ahpwe. mja:
adresse (f) légale	တရားဝင်နေရပ်လိပ်စာ	taja: win nei ja' lei' sa
violer l'accord	သဘောတူညီမှု ချိုးဖောက်သည်	dhabo: tu nji hmu. gjou: bau' te
obligation (f)	အထူးသဖြင့်	a htu: dha. hjin.
responsabilité (f)	တာဝန်ဝတ္တရား	ta wun wu' taja:
force (f) majeure	မလွန်ဆန်နိုင်သောအဖြစ်	ma. lun zan nain de. ahpji'
litige (m)	အငြင်းအခုံ	anjin: akhoun
pénalités (f pl)	ပြစ်ဒက်များ	pji' dan mja:

74. L'importation. L'exportation

importation (f)	သွင်းကုန်	thwin: goun
importateur (m)	သွင်းကုန်လုပ်ငန်းရှင်	thwin: goun lou' ngan: shin
importer (vt)	တင်သွင်းသည်	tin dhwin: de
d'importation	သွင်းကုန်နှင့်ဆိုင်သော	thwin: goun hnin. zain de.
exportation (f)	ပို့ကုန်	pou. goun
exportateur (m)	ပို့ကုန်လုပ်ငန်းရှင်	pou. goun lou' ngan: shin
exporter (vt)	ကုန်တင်ပို့သည်	koun tin pou. de
d'exportation (adj)	တင်ပို့သော	tin bou. de.
marchandise (f)	ကုန်ပစ္စည်း	koun pji' si:
lot (m) de marchandises	ပို့ကုန်	pou. goun
poids (m)	အလေးချိန်	alei: gjein
volume (m)	ပမာဏ	pa. ma na.
mètre (m) cube	ကုဗမီတာ	ku. ba mi ta
producteur (m)	ထုတ်လုပ်သူ	tou' lou' thu
compagnie (f) de transport	သယ်ယူပို့ဆောင်ရေးကုမ္ပဏီ	the ju bou. zaun jei: koun pa. ni
container (m)	ကွန်တိန်နာ	kun tein na
frontière (f)	နယ်နိမိတ်	ne ni. mei'
douane (f)	အကောက်ခွန်	akau' khun
droit (m) de douane	အကောက်ခွန်နှုန်း	akau' khun hnoun:
douanier (m)	အကောက်ခွန်အရာရှိ	akau' khun aja shi.
contrebande (f) (trafic)	မှောင်ခို	hmaun gou
contrebande (f)	မှောင်ခိုပစ္စည်း	hmaun gou pji' si:

75. La finance

action (f)	စတော့ရှယ်ယာ	sato. shera
obligation (f)	ငွေချေးစာချုပ်	ngwei gjei: za gju'
lettre (f) de change	ငွေပေးချေရန် ကတိစာချုပ်	ngwei bei: gjei jan ga. di. za gju'
bourse (f)	စတော့ရှယ်ယာဒိုင်	sato. shera dain
cours (m) d'actions	စတော့ဈေးနှုန်း	sato. zei: hnoun:
baisser (vi)	ဈေးနှုန်းကျဆင်းသည်	zei: hnan: gja. zin: de

augmenter (vi) (prix)	ဈေးနှုန်းတက်သည်	zei: hnan: de' de
part (f)	ရယ်ယာ	she ja
participation (f) de contrôle	ရယ်ယူအများစုကို ပိုင်ဆိုင်ခြင်း	she ja amja: zu. gou bain zain gjin:
investissements (m pl)	ရင်းနှီးမြှုပ်နှံမှု	jin: hni: hmjou' hnan hmu.
investir (vt)	ရင်းနှီးမြှုပ်နှံသည်	jin: hni: hmjou' hnan de
pour-cent (m)	ရာခိုင်နှုန်း	ja gain hnan:
intérêts (m pl)	အတိုး	atou:
profit (m)	အမြတ်	amja'
profitable (adj)	အမြတ်ရသော	amja' ja de.
impôt (m)	အခွန်	akhun
devise (f)	ငွေကြေး	ngwei kjei:
national (adj)	အမျိုးသားနှင့်ဆိုင်သော	amjou: dha: hnin. zain de.
échange (m)	လဲလှယ်ခြင်း	le: hle gjin:
comptable (m)	စာရင်းကိုင်	sajin: gain
comptabilité (f)	စာရင်းကိုင်လုပ်ငန်း	sajin: gain lou' ngan:
faillite (f)	ဒေဝါလီခံရခြင်း	dei wa li gan ja gjin
krach (m)	ရုတ်တရက်စီးပွားရေး ထိုးကျခြင်း	jou' ta ja' si: bwa: jei: dou: gja. gjin:
ruine (f)	ကြီးစွာသောအပျက်အစီး	kji: zwa dho apje' asi:
se ruiner (vp)	ပျက်စီးဆုံးရှုံးသည်	pje' si: zoun: shoun: de
inflation (f)	ငွေကြေးဖောင်းပွခြင်း	ngwei kjei: baun: bwa. gjin:
dévaluation (f)	ငွေကြေးတန်ဖိုးချခြင်း	ngwei kjei: dan bou: gja gjin:
capital (m)	အရင်းအနှီးငွေ	ajin: ani: ngwei
revenu (m)	ဝင်ငွေ	win ngwei
chiffre (m) d'affaires	အနှတ်အသိန်း	anou' athin:
ressources (f pl)	အရင်းအမြစ်များ	ajin: amja' mja:
moyens (m pl) financiers	ငွေကြေးအရင်းအမြစ်များ	ngwei kjei: ajin: amji' mja:
frais (m pl) généraux	အထွေထွေအသုံးစရိတ်	a htwei htwei athoun: za. jei'
réduire (vt)	လျှော့ချသည်	sho. cha. de

76. La commercialisation. Le marketing

marketing (m)	ဈေးကွက်ရှာဖွေရေး	zei: gwe' sha bwei jei:
marché (m)	ဈေးကွက်	zei: gwe'
segment (m) du marché	ဈေးကွက်အစိတ်အပိုင်း	zei: gwe' asei' apain:
produit (m)	ထုတ်ကုန်	htou' koun
marchandise (f)	ကုန်ပစ္စည်း	koun pji' si:
marque (f) de fabrique	အမှတ်တံဆိပ်	ahma' tan zin
marque (f) déposée	ကုန်အမှတ်တံဆိပ်	koun ahma' tan hsi'
logotype (m)	မူပိုင်အမှတ်တံဆိပ်	mu bain ahma' dan zei'
logo (m)	တံဆိပ်	da zei'
demande (f)	တောင်းဆိုချက်	taun: hsou che'
offre (f)	ထောက်ပံ့ခြင်း	htau' pan. gjin:
besoin (m)	လိုအပ်မှု	lou a' hmu.

consommateur (m)	သုံးစွဲသူ	thoun: zwe: dhu
analyse (f)	ရှုမြင်းစိတ်ဖြာခြင်း	khwe: gjan: zei' hpa gjin:
analyser (vt)	ရှုမြင်းစိတ်ဖြာသည်	khwe: gjan: zei' hpa de
positionnement (m)	နေရာရှာခြင်း	nei ja hja gjin:
positionner (vt)	နေရာရှာသည်	nei ja sha de
prix (m)	ဈေးနှုန်း	zei: hnan:
politique (f) des prix	ဈေးနှုန်းမူဝါဒ	zei: hnan: m wada.
formation (f) des prix	ဈေးနှုန်းဖြစ်တည်ခြင်း	zei: hnan: bji' te gjin:

77. La publicité

publicité (f), pub (f)	ကြော်ငြာ	kjo nja
faire de la publicité	ကြော်ငြာသည်	kjo nja de
budget (m)	ဘတ်ဂျက်	ba' gje'
annonce (f), pub (f)	ခန့်မှန်းခြေ	khan hman: gjei ja.
	သုံးငွေစာရင်း	dhu: ngwei za jin:
publicité (f) à la télévision	တီဗီကြော်ငြာ	ti bi gjo nja
publicité (f) à la radio	ရေဒီယိုကြော်ငြာ	rei di jou gjo nja
publicité (f) extérieure	ပြင်ပကြော်ငြာ	pjin ba. gjo nja
mass média (m pl)	လူထုဆက်သွယ်ရေး	lu du. ze' thwe jei:
périodique (m)	ပုံမှန်ထုတ်မဂ္ဂဇင်း	poun hmein dou' ma' ga. zin:
image (f)	ပုံရိပ်	poun jei'
slogan (m)	ကြွေးကြော်သံ	kjwei: kjo dhan
devise (f)	ဆောင်ပုဒ်	hsaun bou'
campagne (f)	အစီအစဉ်	asi asin
campagne (f) publicitaire	ကြော်ငြာအစီအစဉ်	kjo nja a si asin
public (m) cible	ပစ်မှတ်အုပ်စု	pi' hma' ou'zu.
carte (f) de visite	လုပ်ငန်းသုံးလိပ်စာကတ်ပြား	lou' ngan: loun: lei' sa ka' pja:
prospectus (m)	လက်ကမ်းစာစောင်	le' kan: za zaun:
brochure (f)	ကြော်ငြာစာအုပ်ငယ်	kjo nja za ou' nge
dépliant (m)	လက်ကမ်းစာစောင်	le' kan: za zaun:
bulletin (m)	သတင်းလွှာ	dhadin: hlwa
enseigne (f)	ဆိုင်းဘုတ်	hsain: bou'
poster (m)	ပို့စတာ	pou sata
panneau-réclame (m)	ကြော်ငြာဆိုင်းဘုတ်	kjo nja zain: bou'

78. Les opérations bancaires

banque (f)	ဘဏ်	ban
agence (f) bancaire	ဘဏ်ခွဲ	ban gwe:
conseiller (m)	အတိုင်ပင်ခံပုဂ္ဂိုလ်	atain bin gan bou' gou
gérant (m)	မန်နေဂျာ	man nei gji
compte (m)	ဘဏ်ငွေစာရင်း	ban ngwei za jin
numéro (m) du compte	ဘဏ်စာရင်းနံပါတ်	ban zajin: nan. ba'

compte (m) courant	ဘက်စာရင်းရှင်	ban zajin: shin
compte (m) sur livret	ဘက်ငွေစုစာရင်း	ban ngwei zu. za jin
ouvrir un compte	ဘက်စာရင်းဖွင့်သည်	ban zajin: hpwin. de
clôturer le compte	ဘက်စာရင်းပိတ်သည်	ban zajin: bi' te
verser dans le compte	ငွေသွင်းသည်	ngwei dhwin: de
retirer du compte	ငွေထုတ်သည်	ngwei dou' te
dépôt (m)	အပ်ငွေ	a' ngwei
faire un dépôt	ငွေအပ်သည်	ngwei a' te
virement (m) bancaire	ကြေးနန်းဖြင့်ငွေလွှဲခြင်း	kjei: nan: bjin. ngwe hlwe: gjin
faire un transfert	ကြေးနန်းဖြင့်ငွေလွှဲသည်	kjei: nan: bjin. ngwe hlwe: de
somme (f)	ပေါင်းလဒ်	paun: la'
Combien?	ဘယ်လောက်လဲ	be lau' le:
signature (f)	လက်မှတ်	le' hma'
signer (vt)	လက်မှတ်ထိုးသည်	le' hma' htou: de
carte (f) de crédit	အကြွေးဝယ်ကဒ်-ခရက်ဒစ်ကဒ်	achwei: we ka' - ka' je' da' ka'
code (m)	ကုဒ်နံပါတ်	kou' nan ba'
numéro (m) de carte de crédit	ခရက်ဒစ်ကဒ်နံပါတ်	kha. je' di' ka' nan ba'
distributeur (m)	အလိုအလျောက်ငွေထုတ်စက်	alou aljau' ngwei htou' se'
chèque (m)	ချက်လက်မှတ်	che' le' hma'
faire un chèque	ချက်ရေးသည်	che' jei: de
chéquier (m)	ချက်စာအုပ်	che' sa ou'
crédit (m)	ချေးငွေ	chei: ngwei
demander un crédit	ချေးငွေလျှောက်လွှာတင်သည်	chei: ngwei shau' hlwa din de
prendre un crédit	ချေးငွေရယူသည်	chei: ngwei ja. ju de
accorder un crédit	ချေးငွေထုတ်ပေးသည်	chei: ngwei htou' pei: de
gage (m)	အာမခံပစ္စည်း	a ma. gan bji' si:

79. Le téléphone. La conversation téléphonique

téléphone (m)	တယ်လီဖုန်း	te li hpoun:
portable (m)	မိုဘိုင်းဖုန်း	mou bain: hpoun:
répondeur (m)	ဖုန်းထူစက်	hpoun: du: ze'
téléphoner, appeler	ဖုန်းဆက်သည်	hpoun: ze' te
appel (m)	အဝင်ဖုန်း	awin hpun:
composer le numéro	နံပါတ် နှိပ်သည်	nan ba' hnei' te
Allô!	ဟလို	ha. lou
demander (~ l'heure)	မေးသည်	mei: de
répondre (vi, vt)	ဖြေသည်	hpjei de
entendre (bruit, etc.)	ကြားသည်	ka: de
bien (adv)	ကောင်းကောင်း	kaun: gaun:
mal (adv)	အရမ်းမကောင်း	ajan: ma. gaun:
bruits (m pl)	ဖြတ်ဝင်သည့်ဆူညံသံ	hpja' win dhi. zu njan dhan
récepteur (m)	တယ်လီဖုန်းနားကြပ်ပိုင်း	te li hpoun: na: gja' pain:

décrocher (vt)	ဖုန်းကောက်ကိုင်သည်	hpoun: gau' gain de
raccrocher (vi)	ဖုန်းချသည်	hpoun: gja de
occupé (adj)	လိုင်းမအားသော	lain: ma. a: de.
sonner (vi)	မြည်သည်	mji de
carnet (m) de téléphone	တယ်လီဖုန်းလမ်းညွှန်စာအုပ်	te li hpoun: lan: hnjun za ou'
local (adj)	ပြည်တွင်းဒေသတွင်းဖြစ်သော	pji dwin: dei. dha dwin: bji' te.
appel (m) local	ပြည်တွင်းခေါ်ဆိုမှု	pji dwin: go zou hmu.
interurbain (adj)	အဝေးခေါ်ဆိုနိုင်သော	awei: go zou nain de.
appel (m) interurbain	အဝေးခေါ်ဆိုမှု	awei: go zou hmu.
international (adj)	အပြည်ပြည်ဆိုင်ရာဖြစ်သော	apji pji zain ja bja' de.
appel (m) international	အပြည်ပြည်ဆိုင်ရာခေါ်ဆိုမှု	apji pji zain ja go: zou hmu

80. Le téléphone portable

portable (m)	မိုဘိုင်းဖုန်း	mou bain: hpoun:
écran (m)	ပြသခြင်း	pja. dha. gjin:
bouton (m)	ခလုတ်	khalou'
carte SIM (f)	ဆင်းကဒ်	hsin: ka'
pile (f)	ဘတ်ထရီ	ba' hta ji
être déchargé	ဖုန်းအားကုန်သည်	hpoun: a: goun: de
chargeur (m)	အားသွင်းကြိုး	a: dhwin: gjou:
menu (m)	အစားအသောက်စာရင်း	asa: athau' sa jin:
réglages (m pl)	ချိန်ညှိခြင်း	chein hnji. chin:
mélodie (f)	တီးလုံး	ti: loun:
sélectionner (vt)	ရွေးချယ်သည်	jwei: che de
calculatrice (f)	ဂဏန်းပေါင်းစက်	ganan: baun: za'
répondeur (m)	အသံမေးလ်	athan mei:l
réveil (m)	နှိုးစက်	hnou: ze'
contacts (m pl)	ဖုန်းအဆက်အသွယ်များ	hpoun: ase' athwe mja:
SMS (m)	မက်ဆေ့ခ်ျ	me' zei. gja
abonné (m)	အသုံးပြုသူ	athoun: bju. dhu

81. La papeterie

stylo (m) à bille	ဘောပင်	bo pin
stylo (m) à plume	ဖောင်တိန်	hpaun din
crayon (m)	ခဲတံ	khe: dan
marqueur (m)	အရောင်တောက်မင်တံ	ajaun dau' min dan
feutre (m)	ရေဆေးစုတ်တံ	jei zei: zou' tan
bloc-notes (m)	မှတ်စုစာအုပ်	hma' su. za ou'
agenda (m)	နေ့စဉ်မှတ်တမ်းစာအုပ်	nei. zin hma' tan: za ou'
règle (f)	ပေတံ	pei dan
calculatrice (f)	ဂဏန်းပေါင်းစက်	ganan: baun: za'

gomme (f)	ခဲဖျက်	khe: bje'
punaise (f)	ထိပ်ပြားကြီးသံမှို	htei' pja: gji: dhan hmou
trombone (m)	တွယ်ချိတ်	twe gjei'
colle (f)	ကော်	ko
agrafeuse (f)	စတက်ပလာ	sate' pa. la
perforateur (m)	အပေါက်ဖောက်စက်	apau' hpau' se'
taille-crayon (m)	ခဲချွန်စက်	khe: chun ze'

82. Les types d'activités économiques

services (m pl) comptables	စာရင်းကိုင်ဝန်ဆောင်မှု	sajin: gain wun zaun hmu.
publicité (f), pub (f)	ကြော်ငြာ	kjo nja
agence (f) publicitaire	ကြော်ငြာလုပ်ငန်း	kjo nja lou' ngan:
climatisation (m)	လေအေးစက်	lei ei: ze'
compagnie (f) aérienne	လေကြောင်း	lei gjaun:
boissons (f pl) alcoolisées	အရက်သေစာ	aje' dhei za
antiquités (f pl)	ရှေးဟောင်းပစ္စည်း	shei: haun: bji' si:
galerie (f) d'art	အနုပညာပြခန်း	anu. pjin ja pja. gan:
services (m pl) d'audition	စာရင်းစစ်ဆေးခြင်း	sajin: zi' hsei: gjin:
banques (f pl)	ဘဏ်လုပ်ငန်း	ban lou' ngan:
bar (m)	ဘား	ba:
salon (m) de beauté	အလှပြင်ဆိုင်	ahla. bjin zain:
librairie (f)	စာအုပ်ဆိုင်	sa ou' hsain
brasserie (f) (fabrique)	ဘီယာချက်စက်ရုံ	bi ja gje' se' joun
centre (m) d'affaires	စီးပွါးရေးလုပ်ငန်းစင်တာ	si: bwa: jei: lou' ngan: zin da
école (f) de commerce	စီးပွါးရေးကျောင်း	si: bwa: jei: gjaun:
casino (m)	လောင်းကစားရုံ	laun: gaza: joun
bâtiment (m)	ဆောက်လုပ်ရေးလုပ်ငန်း	hsau' lou' jei: lou' ngan:
conseil (m)	လူနာဝမ်းသပ်ခန်း	lu na zan: dha' khan:
dentistes (pl)	သွားဆေးခန်း	thwa: hsei: gan:
design (m)	ဒီဇိုင်း	di zain:
pharmacie (f)	ဆေးဆိုင်	hsei: zain
pressing (m)	အဝတ်အခြောက်လျှော်လုပ်ငန်း	awu' achou' hlo: lou' ngan:
agence (f) de recrutement	အလုပ်အကိုင်ရှာဖွေရေးလုပ်ငန်း	alou' akain sha hpwei jei: lou' ngan:
service (m) financier	ငွေကြေးဝန်ဆောင်မှုလုပ်ငန်း	ngwei kjei: wun zaun hmu lou' ngan:
produits (m pl) alimentaires	စားသုံးကုန်များ	sa: dhoun: goun mja:
maison (f) funéraire	အသုဘဝန်ဆောင်မှုလုပ်ငန်း	athu. ba. wun zaun hmu. lou' ngan:
meubles (m pl)	ပရိဘောဂ	pa ri. bo: ga.
vêtement (m)	အဝတ်အစား	awu' aza:
hôtel (m)	ဟိုတယ်	hou te
glace (f)	ရေခဲမုန့်	jei ge: moun.
industrie (f)	စက်မှုလုပ်ငန်း	se' hmu. lou' ngan:
assurance (f)	အာမခံလုပ်ငန်း	a ma. khan lou' ngan:
Internet (m)	အင်တာနက်	in ta na'

investissements (m pl)	ရင်းနှီးမြှုပ်နှံမှု	jin: hni: hmjou' hnan hmu.
bijoutier (m)	လက်ဝတ်ရတနာကုန်သည်	le' wa' ja. da. na goun de
bijouterie (f)	လက်ဝတ်ရတနာ	le' wa' ja. da. na
blanchisserie (f)	ဝိုဘီလုပ်ငန်း	dou bi lou' ngan:
service (m) juridique	ဥပဒေအကြံပေး	u. ba. dei akjan bei:
industrie (f) légère	အသေးစားစက်မှုလုပ်ငန်း	athei: za: za' hmu. lou' ngan:
revue (f)	မဂ္ဂဇင်းစာစောင်	ma' ga. zin: za zaun
vente (f) par catalogue	အော်ဒါတိုက်မှ ပို့ဆောင်ခြင်း	o da ko sa dai' hma. bou. hsaun gjin:
médecine (f)	ဆေးပညာ	hsei: pjin nja
cinéma (m)	ရုပ်ရှင်ရုံ	jou' shin joun
musée (m)	ပြတိုက်	pja. dai'
agence (f) d'information	သတင်းဌာန	dhadin: hta. na.
journal (m)	သတင်းစာ	dhadin: za
boîte (f) de nuit	နိုက်ကလပ်	nai' ka. la'
pétrole (m)	ရေနံ	jei nan
coursiers (m pl)	ပစ္စည်းပို့ဆောင်ရေးလုပ်ငန်း	pji' si: bou. zain jei: lou' ngan:
industrie (f) pharmaceutique	လူသုံးဆေးဝါး လုပ်ငန်း	lu dhoun: zei: wa: lou' ngan:
imprimerie (f)	ပုံနှိပ်ခြင်း	poun nei' chin:
maison (f) d'édition	ပုံနှိပ်ထုတ်ဝေ သည့်ကုမ္ပဏီ	poun nei' htou' wei dhi. koun pani
radio (f)	ရေဒီယို	rei di jou
immobilier (m)	အိမ်ခြံမြေလုပ်ငန်း	ein gjan mjei lu' ngan:
restaurant (m)	စားသောက်ဆိုင်	sa: thau' hsain
agence (f) de sécurité	လုံခြုံရေးအကျိုး ဆောင်ကုမ္ပဏီ	loun gjoun jei: akjou: zaun koun pa. ni
sport (m)	အားကစား	a: gaza:
bourse (f)	စတော့ရောင်းဝယ်ရေးဌာန	sato. jaun: we jei: hta. na.
magasin (m)	ဆိုင်	hsain
supermarché (m)	ကုန်တိုက်ကြီး	koun dou' kji:
piscine (f)	ရေကူးကန်	jei ku: gan
atelier (m) de couture	အင်္ကျီချုပ်လုပ်ငန်း	a' chou' lu' ngan:
télévision (f)	ရုပ်မြင်သံကြား	jou' mjin dhan gja:
théâtre (m)	ကဇာတ်ရုံ	ka. za' joun
commerce (m)	ကုန်သွယ်ရေး	koun dhwe jei:
sociétés de transport	သယ်ယူပို့ဆောင်ရေး လုပ်ငန်း	the ju bou. zaun jei: lou' ngan:
tourisme (m)	ခရီးသွားလုပ်ငန်း	khaji: thwa: lou' ngan:
vétérinaire (m)	တိရိစ္ဆာန်ကုဆရာဝန်	tharei' hsan gu. zaja wun
entrepôt (m)	ကုန်လှောင်ရုံ	koun hlaun joun
récupération (f) des déchets	စွန့်ပစ်ပစ္စည်းစုဆောင်းခြင်း	sun. bi' pji' si: zu zaun: ghin:

Le travail. Les affaires. Partie 2

83. Les foires et les salons

salon (m)	ပြပွဲ	pja. bwe:
salon (m) commercial	ကုန်စည်ပြပွဲ	koun zi pja pwe
participation (f)	ပါဝင်ဆင်နွှဲမှု	pa win zhin hnwe: hmu.
participer à ...	ပါဝင်ဆင်နွှဲသည်	pa win zin hnwe: de
participant (m)	ပါဝင်ဆင်နွှဲသူ	pa win zhin hnwe: dhu
directeur (m)	ဒါရိုက်တာ	da je' ta
direction (f)	ဦးစီးဦးဆောင်သူအဖွဲ့	u: zi: u: zaun dhu ahpwe:
organisateur (m)	စီစဉ်သူ	si zin dhu
organiser (vt)	စီစဉ်သည်	si zin de
demande (f) de participation	ပါဝင်ရန်ဖြည့်စွက်ရ သောပုံစံ	pa win jan bje zwe' ja. dho: boun zan
remplir (vt)	ဖြည့်သည်	hpjei. de
détails (m pl)	အသေးစိတ်အချက်အလက်များ	athei zi' ache' ala' mja:
information (f)	သတင်းအချက်အလက်	dhadin: akje' ale'
prix (m)	ဈေးနှုန်း	zei: hnan:
y compris	အပါအဝင်	apa awin
inclure (~ les taxes)	ပါဝင်သည်	pa win de
payer (régler)	ပေးချေသည်	pei: gjei de
droits (m pl) d'inscription	မှတ်ပုံတင်ခ	hma' poun din ga.
entrée (f)	ဝင်ပေါက်	win bau'
pavillon (m)	ပြခန်းယာယီအဆောက်အအုံ	pja. gan: ja ji ahsau' aoun
enregistrer (vt)	စာရင်းသွင်းသည်	sajin: dhwin: de
badge (m)	တံဆိပ်	da zei'
stand (m)	ပြပွဲဝင်	pja. bwe: zin
réserver (vt)	ကြိုတင်မှာသည်	kjou tin hma de
vitrine (f)	ပစ္စည်းပြရန်မှန်တောင်	pji' si: bja. jan hman baun
lampe (f)	မီးမောင်း	mi: maun:
design (m)	ဒီဇိုင်း	di zain:
mettre (placer)	နေရာချသည်	nei ja gja de
être placé	တည်ရှိသည်	ti shi. de
distributeur (m)	ဖြန့်ဝေသူ	hpjan. wei dhu
fournisseur (m)	ပေးသွင်းသူ	pei: dhwin: dhu
fournir (vt)	ပေးသွင်းသည်	pei: dhwin: de
pays (m)	နိုင်ငံ	nain ngan
étranger (adj)	နိုင်ငံခြားနှင့်ဆိုင်သော	nain ngan gja: hnin. zain de.
produit (m)	ထုတ်ကုန်	htou' koun
association (f)	အဖွဲ့အစည်း	ahpwe. asi:

salle (f) de conférences	ဆွေးနွေးပွဲခန်းမ	hswe: nwe: bwe: gan: ma.
congrès (m)	ညီလာခံ	nji la gan
concours (m)	ပြိုင်ပွဲ	pjain bwe:
visiteur (m)	ဧည့်သည်	e. dhe
visiter (vt)	လာရောက်လေ့လာသည်	la jau' lei. la de
client (m)	ဖောက်သည်	hpau' te

84. La recherche scientifique et les chercheurs

science (f)	သိပ္ပံပညာ	thei' pan pin nja
scientifique (adj)	သိပ္ပံပညာဆိုင်ရာ	thei' pan pin nja zein ja
savant (m)	သိပ္ပံပညာရှင်	thei' pan pin nja shin
théorie (f)	သီအိုရီ	thi ou ji
axiome (m)	နဂိုမှန်အဆို	na. gou hman ahsou
analyse (f)	ခွဲခြမ်းစိတ်ဖြာခြင်း	khwe: gjan: zei' hpa gjin:
analyser (vt)	ခွဲခြမ်းစိတ်ဖြာသည်	khwe: gjan: zei' hpa de
argument (m)	အကြောင်းပြချက်	akjaun: pja. gje'
substance (f) (matière)	အထည်	a hte
hypothèse (f)	အခြေခံသဘောတရားအယူအဆ	achei khan dha. bo da. ja: aju ahsa.
dilemme (m)	အကျပ်ရိုက်ခြင်း	akja' shi' chin:
thèse (f)	သုတေသနစာတမ်း	thu. tei thana za dan:
dogme (m)	တရားသောလွက်ခံထားသောဝါဒ	taja: dhei le' khan da: dho: wa da
doctrine (f)	သြဝါဒ	thja. wa da.
recherche (f)	သုတေသန	thu. tei thana
rechercher (vt)	သုတေသနပြုသည်	thu. tei thana bjou de
test (m)	စမ်းသပ်ခြင်း	san: dha' chin:
laboratoire (m)	လက်တွေ့ခန်း	le' twei. gan:
méthode (f)	နည်းလမ်း	ne: lan:
molécule (f)	မော်လီကျူး	mo li gju:
monitoring (m)	စောင့်ကြည့်စစ်ဆေးခြင်း	saun. gji. zi' hsei: gjin:
découverte (f)	ရှာဖွေတွေ့ရှိမှု	sha hpwei dwei. shi. hmu.
postulat (m)	လက်ခံထားသည့်အဆို	le' khan da: dhe. ahsou
principe (m)	အခြေခံသဘောတရား	achei khan dha. bo da. ja:
prévision (f)	ကြိုတင်ခန့်မှန်းချက်	kjou din khan hman: gje'
prévoir (vt)	ကြိုတင်ခန့်မှန်းသည်	kjou din khan hman: de
synthèse (f)	သမ္မာရ	than ba ra.
tendance (f)	ဦးတည်ရာ	u: ti ja
théorème (m)	သီအိုရင်	thi ou jan
enseignements (m pl)	သင်ကြားချက်	thin kja: gje'
fait (m)	အရှက်အလက်	ache' ale'
expédition (f)	စူးစမ်းလေ့လာရေးခရီး	su: zan: lei. la nei: khaji:
expérience (f)	စမ်းသပ်လုပ်ဆောင်ချက်	san: dha' lou' hsaun gje'
académicien (m)	အကယ်ဒမီသိပ္ပံပညာရှင်	ake da ni dhan pa' pjin shin
bachelier (m)	တက္ကသိုလ် ပထမတွဲ	te' kathou pahtama. bwe.

docteur (m)	ပါရဂူဘွဲ့	pa ja gu bwe.
chargé (m) de cours	လက်ထောက်ပါမောက္ခ	le' htau' pa mau' kha.
magistère (m)	မဟာဘွဲ့	maha bwe.
professeur (m)	ပါမောက္ခ	pamau' kha

Les professions. Les métiers

85. La recherche d'emploi. Le licenciement

travail (m)	အလုပ်	alou'
employés (pl)	ဝန်ထမ်းအင်အား	wun dan: in a:
personnel (m)	အမှုထမ်း	ahmu. htan:
carrière (f)	သက်မွေးမှုလုပ်ငန်း	the' hmei: hmu. lou' ngan:
perspective (f)	တက်လမ်း	te' lan:
maîtrise (f)	ကျွမ်းကျင်မှု	kjwan: gjin hmu.
sélection (f)	လက်ရွေးစင်	le' jwei: zin
agence (f) de recrutement	အလုပ်အကိုင်ရှာဖွေရေး-အကျိုးဆောင်လုပ်ငန်း	alou' akain sha hpei jei: akjou: zaun lou' ngan:
C.V. (m)	ပညာရည်မှတ်တမ်းအကျဉ်း	pjin nja je hma' tan: akjin:
entretien (m)	အလုပ်အင်တာဗျူး	alou' in da bju:
emploi (m) vacant	အလုပ်လစ်လပ်နေရာ	alou' li' la' nei ja
salaire (m)	လစာ	la. za
salaire (m) fixe	ပုံသေလစာ	poun dhei la. za
rémunération (f)	ပေးချေသည့်ငွေ	pei: gjei de. ngwei
poste (m) (~ évolutif)	ရာထူး	ja du:
fonction (f)	တာဝန်	ta wun
liste (f) des fonctions	တာဝန်များ	ta wun mja:
occupé (adj)	အလုပ်များသော	alou' mja: de.
licencier (vt)	အလုပ်ထုတ်သည်	alou' htou' de
licenciement (m)	ထုတ်ပယ်ခြင်း	htou' pe gjin:
chômage (m)	အလုပ်လက်မဲ့ဦးရေ	alou' le' me. u: jei
chômeur (m)	အလုပ်လက်မဲ့	alou' le' me.
retraite (f)	အငြိမ်းစားလစာ	anjein: za: la. za
prendre sa retraite	အငြိမ်းစားယူသည်	anjein: za: ju dhe

86. Les hommes d'affaires

directeur (m)	ညွှန်ကြားရေးမှူး	hnjun gja: jei: hmu:
gérant (m)	မန်နေဂျာ	man nei gji
patron (m)	အကြီးအကဲ	akji: ake:
supérieur (m)	အထက်လူကြီး	a hte' lu gji:
supérieurs (m pl)	အထက်လူကြီးများ	a hte' lu gji: mja:
président (m)	ဥက္ကဋ္ဌ	ou' kahta.
président (m) (d'entreprise)	ဥက္ကဋ္ဌ	ou' kahta.
adjoint (m)	ဒုတိယ	du. di. ja.
assistant (m)	လက်ထောက်	le' htau'

80

secrétaire (m, f)	အတွင်းရေးမှူး	atwin: jei: hmu:
secrétaire (m, f) personnel	ကိုယ်ရေးအရာရှိ	kou jei: aja shi.
homme (m) d'affaires	စီးပွားရေးလုပ်ငန်းရှင်	si: bwa: jei: lou' ngan: shin
entrepreneur (m)	စီးပွားရေးလုပ်ငန်းရှင်	si: bwa: jei: lou' ngan: shin
fondateur (m)	တည်ထောင်သူ	ti daun dhu
fonder (vt)	တည်ထောင်သည်	ti daun de
fondateur (m)	ဖွဲ့စည်းသူ	hpwe. zi: dhu
partenaire (m)	အကျိုးတူပူးပေါင်ကိုင်ဘက်	akjou: du lou' hpo kain be'
actionnaire (m)	အစုရှင်	asu. shin
millionnaire (m)	သန်းကြွယ်သူဌေး	than: gjwe dhu dei:
milliardaire (m)	ဘီလျံနာသူဌေး	bi ljan na dhu dei:
propriétaire (m)	ပိုင်ရှင်	pain shin
propriétaire (m) foncier	မြေပိုင်ရှင်	mjei bain shin
client (m)	ဖောက်သည်	hpau' te
client (m) régulier	အမြဲတမ်းဖောက်သည်	amje: dan: zau' te
acheteur (m)	ဝယ်သူ	we dhu
visiteur (m)	ည့်သည်	e. dhe
professionnel (m)	ကျွမ်းကျင်သူ	kjwan: gjin dhu
expert (m)	ကျွမ်းကျင်ပညာရှင်	kjwan: gjin bi nja shin
spécialiste (m)	အထူးကျွမ်းကျင်သူ	a htu: kjwan: gjin dhu
banquier (m)	ဘဏ်လုပ်ငန်းရှင်	ban lou' ngan: shin
courtier (m)	စီးပွါးရေးအကျိုးဆောင်	si: bwa: jei: akjou: zaun
caissier (m)	ငွေကိုင်	ngwei gain
comptable (m)	စာရင်းကိုင်	sajin: gain
agent (m) de sécurité	အစောင့်	asaun.
investisseur (m)	ရင်းနှီးမြှုပ်နှံသူ	jin: hni: hmjou' hnan dhu
débiteur (m)	မြီစား	mji za:
créancier (m)	ကြွေးရှင်	kjwei: shin
emprunteur (m)	ချေးသူ	chei: dhu
importateur (m)	သွင်းကုန်လုပ်ငန်းရှင်	thwin: goun lou' ngan: shin
exportateur (m)	ပို့ကုန်လုပ်ငန်းရှင်	pou. goun lou' ngan: shin
producteur (m)	ထုတ်လုပ်သူ	tou' lou' thu
distributeur (m)	ဖြန့် ဝေသူ	hpjan. wei dhu
intermédiaire (m)	တစ်ဆင့်ခံရောင်းသူ	ti' hsin. gan jaun: dhu
conseiller (m)	အတိုင်ပင်ခံပုဂ္ဂိုလ်	atain bin gan bou' gou
représentant (m)	ကိုယ်စားလှယ်	kou za: hle
agent (m)	ကိုယ်စားလှယ်	kou za: hle
agent (m) d'assurances	အာမခံကိုယ်စားလှယ်	a ma. khan gou za: hle

87. Les métiers des services

cuisinier (m)	စားဖိုမှူး	sa: hpou hmu:
cuisinier (m) en chef	စားဖိုမှူးကြီး	sa: hpou hmu: gji:

boulanger (m)	ပေါင်မုန့်ဖုတ်သူ	paun moun. bou' dhu
barman (m)	အရက်ဘား၀န်ထမ်း	aje' ba: wun dan:
serveur (m)	စားပွဲထိုး	sa: bwe: dou:
serveuse (f)	စားပွဲထိုးမိန်းကလေး	sa: bwe: dou: mein: ga. lei:
avocat (m)	ရှေ့နေ	shei. nei
juriste (m)	ရှေ့နေ	shei. nei
notaire (m)	ရှေ့နေ	shei. nei
électricien (m)	လျှပ်စစ်ပညာရှင်	hlja' si' pa. nja shin
plombier (m)	ပိုက်ပြင်သူ	pai' bjin dhu
charpentier (m)	လက်သမား	le' tha ma:
masseur (m)	အနှိပ်သမား	anei' thama:
masseuse (f)	အနှိပ်သမ	anei' thama.
médecin (m)	ဆရာ၀န်	hsa ja wun
chauffeur (m) de taxi	တက္ကစီမောင်းသူ	te' kasi maun: dhu
chauffeur (m)	ယာဉ်မောင်း	jin maun:
livreur (m)	ပစ္စည်းပို့သူ	pji' si: bou. dhu
femme (f) de chambre	ဟိုတယ်သန့်ရှင်းရေး၀န်ထမ်း	hou te than. shin wun dam:
agent (m) de sécurité	အစောင့်	asaun.
hôtesse (f) de l'air	လေယာဉ်မယ်	lei jan me
professeur (m)	ဆရာ	hsa ja
bibliothécaire (m)	စာကြည့်တိုက်၀န်ထမ်း	sa gji. dai' wun dan:
traducteur (m)	ဘာသာပြန်	ba dha bjan
interprète (m)	စကားပြန်	zaga: bjan
guide (m)	လမ်းညွှန်	lan: hnjun
coiffeur (m)	ဆံသဆရာ	hsan dha. zaja
facteur (m)	စာပို့သမား	sa bou. dhama:
vendeur (m)	ဆိုင်အရောင်း၀န်ထမ်း	hsain ajaun: wun dan:
jardinier (m)	ဥယျာဉ်မှူး	u. jin hmu:
serviteur (m)	အိမ်စေအမှုထမ်း	ein zei ahmu. dan:
servante (f)	အိမ်စေအမျိုးသမီး	ein zei amjou: dhami:
femme (f) de ménage	သန့်ရှင်းရေးသမ	than. shin: jei: dhama.

88. Les professions militaires et leurs grades

soldat (m) (grade)	တပ်သား	ta' tha:
sergent (m)	တပ်ကြပ်ကြီး	ta' kja' kji:
lieutenant (m)	ဗိုလ်	bou
capitaine (m)	ဗိုလ်ကြီး	bou gji
commandant (m)	ဗိုလ်မှူး	bou hmu:
colonel (m)	ဗိုလ်မှူးကြီး	bou hmu: gji:
général (m)	ဗိုလ်ချုပ်	bou gjou'
maréchal (m)	ထိပ်တန်းအရာရှိ	htei' tan: aja shi.
amiral (m)	ရေတပ်ဗိုလ်ချုပ်ကြီး	jei da' bou chou' kji:
militaire (m)	တပ်မတော်နှင့်ဆိုင်သော	ta' mado hnin. zain de.
soldat (m)	စစ်သား	si' tha:

officier (m)	အရာရှိ	aja shi.
commandant (m)	ခေါင်းဆောင်	gaun: zaun
garde-frontière (m)	နယ်ခြားစောင့်	ne gja: zaun.
opérateur (m) radio	ဆက်သွယ်ရေးတပ်သား	hse' thwe jei: da' tha:
éclaireur (m)	ကင်းထောက်	kin: dau'
démineur (m)	မိုင်းရှင်းသူ	main: shin: dhu
tireur (m)	လက်ဖြောင့်တပ်သား	le' hpaun. da' tha:
navigateur (m)	လေကြောင်းပြ	lei gjaun: bja.

89. Les fonctionnaires. Les prêtres

roi (m)	ဘုရင်	ba. jin
reine (f)	ဘုရင်မ	ba jin ma.
prince (m)	အိမ်ရှေ့မင်းသား	ein shei. min: dha:
princesse (f)	မင်းသမီး	min: dhami:
tsar (m)	ဇာဘုရင်	za bou jin
tsarine (f)	ဇာဘုရင်မ	za bou jin ma
président (m)	သမ္မတ	thamada.
ministre (m)	ဝန်ကြီး	wun: gji:
premier ministre (m)	ဝန်ကြီးချုပ်	wun: gji: gjou'
sénateur (m)	အီနိတ်လွှတ်တော်အမတ်	hsi nei' hlwa' do: ama'
diplomate (m)	သံတမန်	than taman.
consul (m)	ကောင်စစ်ဝန်	kaun si' wun
ambassadeur (m)	သံအမတ်	than ama'
conseiller (m)	ကောင်စီဝင်	kaun si wun
fonctionnaire (m)	အမှုထမ်းအရာရှိ	ahmu. zaun aja shi.
préfet (m)	သီးသန့်နယ်မြေ အုပ်ချုပ်ရေးမှူး	thi: dhan. ne mjei ou' chou' ei: hmu:
maire (m)	မြို့တော်ဝန်	mjou. do wun
juge (m)	တရားသူကြီး	taja: dhu gji:
procureur (m)	အစိုးရရှေ့နေ	asou: ja shei. nei
missionnaire (m)	သာသနာပြုသူ	tha dha. na bju. dhu
moine (m)	ဘုန်းကြီး	hpoun: gji:
abbé (m)	ကျောင်းထိုင်ဆရာတော်	kjaun: dain zaja do
rabbin (m)	ဂျူးဘာသာရေးခေါင်းဆောင်	gju: ba dha jei: gaun: zaun:
vizir (m)	မွတ်ဆလင်အမတ်	mu' hsa. lin ama'
shah (m)	ရှားဘုရင်	sha: bu. shin
cheik (m)	အာရပ်စော်ဘွား	a ra' so bwa:

90. Les professions agricoles

apiculteur (m)	ပျားမွေးသူ	pja: mwei: dhu
berger (m)	သိုးနွားအုပ်ကျောင်းသူ	thou:/ nwa: ou' kjaun: dhu

agronome (m)	သီးနှံပိုက်ပျိုး ရေးပညာရှင်	thi: hnan zai' pjou: jei: pin nja shin
éleveur (m)	တိရစ္ဆာန်မျိုးဖောက်သူ	tharei' hsan mjou: hpau' thu
vétérinaire (m)	တိရစ္ဆာန်ဆရာဝန်	tharei' hsan zaja wun
fermier (m)	လယ်သမား	le dhama:
vinificateur (m)	ဝိုင်ဖောက်သူ	wain bau' thu
zoologiste (m)	သတ္တဝေဒပညာရှင်	tha' ta. bei da. pin nja shin
cow-boy (m)	နွားကျောင်းသား	nwa: gjaun: dha:

91. Les professions artistiques

acteur (m)	သရုပ်ဆောင်မင်းသား	thajou' hsaun min: dha:
actrice (f)	သရုပ်ဆောင်မင်းသမီး	thajou' hsaun min: dha:
chanteur (m)	အဆိုတော်	ahsou do
cantatrice (f)	အဆိုတော်	ahsou do
danseur (m)	အကဆရာ	aka. hsa. ja
danseuse (f)	အကဆရာမ	aka. hsa. ja ma
artiste (m)	သရုပ်ဆောင်သူ	thajou' hsaun dhu
artiste (f)	သရုပ်ဆောင်သူ	thajou' hsaun dhu
musicien (m)	ဂီတပညာရှင်	gi ta. bjin nja shin
pianiste (m)	စန္တရားဆရာ	san daja: zaja
guitariste (m)	ဂစ်တာပညာရှင်	gi' ta bjin nja shin
chef (m) d'orchestre	ဂီတမှူး	gi ta. hmu
compositeur (m)	တေးရေးဆရာ	tei: jei: hsaja
imprésario (m)	ဇာတ်ဆရာ	za' hsaja
metteur (m) en scène	ရုပ်ရှင်ဒါရိုက်တာ	jou' shin da jai' ta
producteur (m)	ထုတ်လုပ်သူ	htou' lou' thu
scénariste (m)	ဇာတ်ညွှန်းဆရာ	za' hnjun: za ja
critique (m)	ဝေဖန်သူ	wei ban dhu
écrivain (m)	စာရေးဆရာ	sajei: zaja
poète (m)	ကဗျာဆရာ	ka. bja zaja
sculpteur (m)	ပန်းပုဆရာ	babu hsaja
peintre (m)	ပန်းချီဆရာ	bagji zaja
jongleur (m)	လက်လှည့်ဆရာ	le' hli. za. ja.
clown (m)	လူရွှင်တော်	lu shwin do
acrobate (m)	ကျွမ်းဘားပြသူ	kjwan: ba: bja dhu
magicien (m)	မျက်လှည့်ဆရာ	mje' hle. zaja

92. Les différents métiers

médecin (m)	ဆရာဝန်	hsa ja wun
infirmière (f)	သူနာပြု	thu na bju.
psychiatre (m)	စိတ်ရောဂါအထူးကုဆရာဝန်	sei' jo: ga ahtu: gu. zaja wun

stomatologue (m)	သွားဆရာဝန်	thwa: hsaja wun
chirurgien (m)	ခွဲစိတ်ကုဆရာဝန်	khwe: hsei' ku hsaja wun
astronaute (m)	အာကာသယာဉ်မှူး	akatha. jin hmu:
astronome (m)	နက္ခတ္တဗေဒပညာရှင်	ne' kha' ta. bei da. pji nja shin
pilote (m)	လေယာဉ်မှူး	lei jan hmu:
chauffeur (m)	ယာဉ်မောင်း	jin maun:
conducteur (m) de train	ရထားမောင်းသူ	jatha: maun: dhu
mécanicien (m)	စက်ပြင်ဆရာ	se' pjin zaja
mineur (m)	သတ္တုတွင်း အလုပ်သမား	tha' tu. dwin: alou' thama:
ouvrier (m)	အလုပ်သမား	alou' dha ma:
serrurier (m)	သော့ပြင်ဆရာ	tho. bjin zaja
menuisier (m)	ကျည်းပေါင်းဂွေလက်သမား	kji: baun: gwei le' dha ma:
tourneur (m)	တွင်ခုံအလုပ်သမား	twin goun alou' dhama:
ouvrier (m) du bâtiment	ဆောက်လုပ်ရေးအလုပ်သမား	hsau' lou' jei: alou' dha. ma:
soudeur (m)	ဂဟေဆော်သူ	gahei hso dhu
professeur (m) (titre)	ပါမောက္ခ	pamau' kha
architecte (m)	ဗိသုကာပညာရှင်	bi. thu. ka pjin nja shin
historien (m)	သမိုင်းပညာရှင်	thamain: pin nja shin
savant (m)	သိပ္ပံပညာရှင်	thei' pan pin nja shin
physicien (m)	ရူပဗေဒပညာရှင်	ju bei da. bin nja shin
chimiste (m)	ဓာတုဗေဒပညာရှင်	da tu. bei da. bjin nja shin
archéologue (m)	ရှေးဟောင်းသုတေသ နပညာရှင်	shei: haun thu. dei dha. na. bji nja shin
géologue (m)	ဘူမိဗေဒပညာရှင်	buu mi. bei da. bjin nja shin
chercheur (m)	သုတေသနပညာရှင်	thu. tei thana pin nja shin
baby-sitter (m, f)	ကလေးထိန်း	kalei: din:
pédagogue (m, f)	ဆရာ	hsa ja
rédacteur (m)	အယ်ဒီတာ	e di ta
rédacteur (m) en chef	အယ်ဒီတာချုပ်	e di ta chu'
correspondant (m)	သတင်းထောက်	dhadin: dau'
dactylographe (f)	လက်နှိပ်စက်ရိုက်သူ	le' ni' se' jou' thu
designer (m)	ဒီဇိုင်နာ	di zain na
informaticien (m)	ကွန်ပျူတာပညာရှင်	kun pju ta ba. nja shin
programmeur (m)	ပရိုဂရမ်မာ	pa. jou ga. jan ma
ingénieur (m)	အင်ဂျင်နီယာ	in gjin ni ja
marin (m)	သင်္ဘောသား	thin: bo: dha:
matelot (m)	သင်္ဘောသား	thin: bo: dha:
secouriste (m)	ကယ်ဆယ်သူ	ke ze dhu
pompier (m)	မီးသတ်သမား	mi: tha' dhama:
policier (m)	ရဲ	je:
veilleur (m) de nuit	အစောင့်	asaun.
détective (m)	စုံထောက်	soun dau'
douanier (m)	အကောက်ခွန်အရာရှိ	akau' khun aja shi.
garde (m) du corps	သက်တော်စောင့်	the' to zaun.
gardien (m) de prison	ထောင်စောင့်	htaun zaun.

inspecteur (m)	ရဲအုပ်	je: ou'
sportif (m)	အားကစားသမား	a: gaza: dhama:
entraîneur (m)	နည်းပြ	ne: bja.
boucher (m)	သားသတ်သမား	tha: dha' thama:
cordonnier (m)	ဖိနပ်ချုပ်သမား	hpana' chou' tha ma:
commerçant (m)	ကုန်သည်	koun de
chargeur (m)	ကုန်ထမ်းသမား	koun din dhama:
couturier (m)	ဖက်ရှင်ဒီဇိုင်နာ	hpe' shin di zain na
modèle (f)	မော်ဒယ်	mo de

93. Les occupations. Le statut social

écolier (m)	ကျောင်းသား	kjaun: dha:
étudiant (m)	ကျောင်းသား	kjaun: dha:
philosophe (m)	ဒဿနပညာရှင်	da' thana. pjin nja shin
économiste (m)	ဘောဂဗေဒပညာရှင်	bo ga bei da ba nja shin
inventeur (m)	တီထွင်သူ	ti htwin dhu
chômeur (m)	အလုပ်လက်မဲ့	alou' le' me.
retraité (m)	အငြိမ်းစား	anjein: za:
espion (m)	သူလျှို	thu shou
prisonnier (m)	ထောင်သား	htaun dha:
gréviste (m)	သပိတ်မှောက်သူ	thabei' hmau' thu
bureaucrate (m)	ဗျူရိုကရက်အရာရှိ	bju jou ka. je' aja shi.
voyageur (m)	ခရီးသွား	khaji: thwa:
homosexuel (m)	လိင်တူချင်းဆက်ဆံသူ	lein du cjin: ze' hsan dhu
hacker (m)	ဟက်ကာ	he' ka
hippie (m, f)	လူမှုဝေလူများကို သွေဖယ်သူ	lu hmu. da. lei. mja: gou
bandit (m)	ဓားပြ	damja.
tueur (m) à gages	လူသတ်သမား	lu dha' thama:
drogué (m)	ဆေးစွဲသူ	hsei: zwe: dhu
trafiquant (m) de drogue	မူးယစ်ဆေးရောင်းဝယ်သူ	mu: ji' hsei: jaun we dhu
prostituée (f)	ပြည့်တန်ဆာ	pjei. dan za
souteneur (m)	အခေါင်း	hpa gaun:
sorcier (m)	မှော်ဆရာ	hmo za. ja
sorcière (f)	မှော်ဆရာမ	hmo za. ja ma.
pirate (m)	ပင်လယ်ဓားပြ	pin le da: bja.
esclave (m)	ကျွန်	kjun
samouraï (m)	ဆာမူရိုင်း	hsa mu jain:
sauvage (m)	လူရိုင်း	lu jain:

L'éducation

94. L'éducation

école (f)	စာသင်ကျောင်း	sa dhin gjaun:
directeur (m) d'école	ကျောင်းအုပ်ကြီး	ko: ou' kji:
élève (m)	ကျောင်းသား	kjaun: dha:
élève (f)	ကျောင်းသူ	kjaun: dhu
écolier (m)	ကျောင်းသား	kjaun: dha:
écolière (f)	ကျောင်းသူ	kjaun: dhu
enseigner (vt)	သင်ကြားသည်	thin kja: de
apprendre (~ l'arabe)	သင်ယူသည်	thin ju de
apprendre par cœur	အလွတ်ကျက်သည်	alu' kje' de
apprendre (à faire qch)	သင်ယူသည်	thin ju de
être étudiant, -e	ကျောင်းတက်သည်	kjaun: de' de
aller à l'école	ကျောင်းသွားသည်	kjaun: dhwa: de
alphabet (m)	အက္ခရာ	e' kha ja
matière (f)	ဘာသာရပ်	ba da ja'
salle (f) de classe	စာသင်ခန်း	sa dhin gan:
leçon (f)	သင်ခန်းစာ	thin gan: za
récréation (f)	အနားချိန်	ana: gjain
sonnerie (f)	ခေါင်းလောင်းသံ	gaun: laun: dhan
pupitre (m)	စာရေးခုံ	sajei: khoun
tableau (m) noir	ကျောက်သင်ပုန်း	kjau' thin boun:
note (f)	အမှတ်	ahma'
bonne note (f)	အမှတ်အဆင့်မြင့်	ahma' ahsin. mjin.
mauvaise note (f)	အမှတ်အဆင့်နိမ့်	ahma' ahsin. nin.
donner une note	အမှတ်ပေးသည်	ahma' pei: de
faute (f)	အမှား	ahma:
faire des fautes	အမှားလုပ်သည်	ahma: lou' te
corriger (une erreur)	အမှားပြင်သည်	ahma: pjin de
antisèche (f)	ခိုးကူးရန်စာ	khou: gu: jan za
	ရွက်အပိုင်းအစ	jwe' apain: asa.
devoir (m)	အိမ်စာ	ein za
exercice (m)	လေ့ကျင့်ခန်း	lei. kjin. gan:
être présent	ရှိသည်	shi. de
être absent	ပျက်ကွက်သည်	pje' kwe' te
manquer l'école	အတန်းပျက်ကွက်သည်	atan: bje' kwe' te
punir (vt)	အပြစ်ပေးသည်	apja' pei: de
punition (f)	အပြစ်ပေးခြင်း	apja' pei: gjin:

conduite (f)	အပြုအမူ	apju amu
carnet (m) de notes	စာမေးပွဲမှတ်တမ်း	sa mei: hma' tan:
crayon (m)	ခဲတံ	khe: dan
gomme (f)	ခဲဖျက်	khe: bje'
craie (f)	မြေဖြူ	mjei bju
plumier (m)	ခဲတံဘူး	khe: dan bu:
cartable (m)	ကျောင်းသုံးလွယ်အိတ်	kjaun: dhoun: lwe ji'
stylo (m)	ဘောပင်	bo pin
cahier (m)	လေ့ကျင့်ခန်းစာအုပ်	lei. kjin. gan: za ou'
manuel (m)	ဖတ်စာအုပ်	hpa' sa au'
compas (m)	ထောက်လူး	htau' hsu:
dessiner (~ un plan)	ပုံကြမ်းဆွဲသည်	poun: gjam: zwe: de
dessin (m) technique	နည်းပညာဆိုင်ရာပုံကြမ်း	ne bi nja zain ja boun gjan:
poésie (f)	ကဗျာ	ka. bja
par cœur (adv)	အလွတ်	alu'
apprendre par cœur	အလွတ်ကျက်သည်	alu' kje' de
vacances (f pl)	ကျောင်းပိတ်ရက်	kjaun: bi' je'
être en vacances	အားလပ်ရက်ရှိသည်	a: la' je' ja. de
passer les vacances	အားလပ်ရက်ဖြတ်သန်းသည်	a: la' je' hpja' than: de
interrogation (f) écrite	အခန်းဆုံးစစ်ဆေးမှု	akhan: zain zi' hsei: hmu
composition (f)	စာစီစာကုံး	sa zi za koun:
dictée (f)	သတ်ပုံခေါ်ပေးခြင်း	tha' poun go bei: gjin:
examen (m)	စာမေးပွဲ	sa mei: bwe:
passer les examens	စာမေးပွဲဖြေသည်	sa mei: bwe: bjei de
expérience (f) (~ de chimie)	လက်တွေ့လုပ်ဆောင်မှု	le' twei. lou' zaun hma.

95. L'enseignement supérieur

académie (f)	အထူးပညာသင်ကျောင်း	a htu: bjin nja dhin kjaun:
université (f)	တက္ကသိုလ်	te' kathou
faculté (f)	ဌာန	hta, na.
étudiant (m)	ကျောင်းသား	kjaun: dha:
étudiante (f)	ကျောင်းသူ	kjaun: dhu
enseignant (m)	သင်ကြားပို့ချသူ	thin kja: bou. gja. dhu
salle (f)	စာသင်ခန်း	sa dhin gan:
licencié (m)	ဘွဲ့ရသူ	bwe. ja. dhu
diplôme (m)	ဒီပလိုမာ	di' lou ma
thèse (f)	သုတေသနစာတမ်း	thu. tei thana za dan:
étude (f)	သုတေသနစာတမ်း	thu. tei thana za dan
laboratoire (m)	လက်တွေ့ခန်း	le' twei. gan:
cours (m)	သင်ကြားပို့ချမှု	thin kja: bou. gja. hmu.
camarade (m) de cours	အတန်းဖော်	atan: hpo
bourse (f)	ပညာသင်ဆု	pjin nja dhin zu.
grade (m) universitaire	တက္ကသိုလ်ဘွဲ့	te' kathou bwe.

96. Les disciplines scientifiques

mathématiques (f pl)	သင်္ချာ	thin cha
algèbre (f)	အက္ခရာသင်္ချာ	e' kha ja din gja
géométrie (f)	ဂျီသြမေတြီ	gji o: mei tri
astronomie (f)	နက္ခတ္တဗေဒ	ne' kha' ta. bei da.
biologie (f)	ဇီဝဗေဒ	zi: wa bei da.
géographie (f)	ပထဝီဝင်	pahtawi win
géologie (f)	ဘူမိဗေဒ	buu mi. bei da.
histoire (f)	သမိုင်း	thamain:
médecine (f)	ဆေးပညာ	hsei: pjin nja
pédagogie (f)	သင်ကြားနည်းပညာ	thin kja: nei: pin nja
droit (m)	ဥပဒေဘာသာရပ်	u. ba. bei ba dha ja'
physique (f)	ရူပဗေဒ	ju bei da.
chimie (f)	ဓာတုဗေဒ	da tu. bei da.
philosophie (f)	ဒဿနိကဗေဒ	da' tha ni. ga. bei da.
psychologie (f)	စိတ်ပညာ	sei' pjin nja

97. Le système d'écriture et l'orthographe

grammaire (f)	သဒ္ဒါ	dhada
vocabulaire (m)	ဝေါဟာရ	wo: ha ra.
phonétique (f)	သဒ္ဒဗေဒ	dhada. bei da.
nom (m)	နာမ်	nan
adjectif (m)	နာမဝိသေသန	nan wi. dhei dha. na.
verbe (m)	ကြိယာ	kji ja
adverbe (m)	ကြိယာဝိသေသန	kja ja wi. dhei dha. na.
pronom (m)	နာမ်စား	nan za:
interjection (f)	အာမေဍိတ်	a mei dei'
préposition (f)	ဝိဘတ်	wi ba'
racine (f)	ဝေါဟာရရင်းမြစ်	wo: ha ra. jin: mji'
terminaison (f)	အဆုံးသတ်	ahsoun: tha'
préfixe (m)	ရှေ့ဆက်ပုဒ်	shei. hse' pou'
syllabe (f)	ဝဏ္ဏ	wun na.
suffixe (m)	နောက်ဆက်ပုဒ်	nau' ze' pou'
accent (m) tonique	ဖိသံသင်္ကေတ	hpi. dhan dha. gei da.
apostrophe (f)	ပိုင်ဆိုင်ခြင်းပြသင်္ကေတ	pain zain bjin: bja tin kei ta.
point (m)	ဖူးလ်စတောပ်	hpu: l za. po. p
virgule (f)	ပုဒ်ထီး သင်္ကေတ	pou' hti: tin kei ta.
point (m) virgule	အဖြတ်အရပ်သင်္ကေတ	a hpja' aja' tha ngei da
deux-points (m)	ကိုလန်	kou lan
points (m pl) de suspension	စာရှုန့်အမှတ်အသား	sa gjan bja ahma' atha:
point (m) d'interrogation	မေးခွန်းပြအမှတ်အသား	mei: gun: bja. ahma' adha:
point (m) d'exclamation	အာမေဍိတ်အမှတ်အသား	a mei dei' ahma' atha:

guillemets (m pl)	မျက်တောင်အဖွင့်အပိတ်	mje' taun ahpwin. apei'
entre guillemets	မျက်တောင်အဖွင့်အပိတ်-အတွင်း	mje' taun ahpwin. apei' atwin:
parenthèses (f pl)	ကွင်း	kwin:
entre parenthèses	ကွင်းအတွင်း	kwin: atwin:

trait (m) d'union	တုံးတို	toun: dou
tiret (m)	တုံးရှည်	toun: she
blanc (m)	ကွက်လပ်	kwe' la'

lettre (f)	စာလုံး	sa loun:
majuscule (f)	စာလုံးကြီး	sa loun: gji:

voyelle (f)	သရ	thara.
consonne (f)	ဗျည်း	bjin:

proposition (f)	ဝါကျ	we' kja.
sujet (m)	ကံ	kan
prédicat (m)	ဝါစက	wa saka.

ligne (f)	မျဉ်းကြောင်း	mjin: gjaun:
à la ligne	မျဉ်းကြောင်းအသစ်ပေါ်မှာ	mjin: gjaun: athi' bo hma.
paragraphe (m)	စာပိုဒ်	sa pai'

mot (m)	စကားလုံး	zaga: loun:
groupe (m) de mots	စကားစု	zaga: zu.
expression (f)	ဖော်ပြချက်	hpjo bja. gje'
synonyme (m)	အနက်တူ	ane' tu
antonyme (m)	ဆန့်ကျင်ဘက်အနက်	hsan. gjin ba' ana'

règle (f)	စည်းမျဉ်းစည်းကမ်း	si: mjin: si: kan:
exception (f)	ခြွင်းချက်	chwin: gje'
correct (adj)	မှန်ကန်သော	hman gan de.

conjugaison (f)	ကြိယာပုံစံပြောင်းခြင်း	kji ja boun zan pjaun: chin:
déclinaison (f)	သဒ္ဒါပြောင်းလဲပုံ	dhada bjaun: le: boun
cas (m)	နာမ်ပြောင်းပုံစံ	nan bjaun: boun zan
question (f)	မေးခွန်း	mei: gun:
souligner (vt)	အလေးထားဖော်ပြသည်	a lei: da: hpo pja. de
pointillé (m)	အစက်မျဉ်း	ase' mjin:

98. Les langues étrangères

langue (f)	ဘာသာစကား	ba dha zaga:
étranger (adj)	နိုင်ငံခြားနှင့်ဆိုင်သော	nain ngan gja: hnin. zain de.
langue (f) étrangère	နိုင်ငံခြားဘာသာစကား	nain ngan gja: ba dha za ga:
étudier (vt)	သင်ယူလေ့လာသည်	thin ju lei. la de
apprendre (~ l'arabe)	သင်ယူသည်	thin ju de

lire (vi, vt)	ဖတ်သည်	hpa' te
parler (vi, vt)	ပြောသည်	pjo: de
comprendre (vt)	နားလည်သည်	na: le de
écrire (vt)	ရေးသည်	jei: de
vite (adv)	မြန်မြန်	mjan mjan
lentement (adv)	ဖြည်းဖြည်း	hpjei: bjei:

couramment (adv)	ကျွမ်းကျွမ်းကျင်ကျင်	kjwan: gjwan: gjin gjin
règles (f pl)	စည်းမျဉ်းစည်းကမ်း	si: mjin: si: kan:
grammaire (f)	သဒ္ဒါ	dhada
vocabulaire (m)	ဝေါဟာရ	wo: ha ra.
phonétique (f)	သဒ္ဒဗေဒ	dhada. bei da.
manuel (m)	ဖတ်စာအုပ်	hpa' sa au'
dictionnaire (m)	အဘိဓာန်	abi. dan
manuel (m) autodidacte	မိမိဘာသာလေ့လာနိုင်သောစာအုပ်	mi. mi. ba dha lei. la nain dho: za ou'
guide (m) de conversation	နှစ်ဘာသာစကားပြောစာအုပ်	hni' ba dha zaga: bjo: za ou'
cassette (f)	တိပ်ခွေ	tei' khwei
cassette (f) vidéo	ရုပ်ရှင်တိပ်ခွေ	jou' shin dei' hpwei
CD (m)	စီဒီခွေ	si di gwei
DVD (m)	ဒီဗီဒီခွေ	di bi di gwei
alphabet (m)	အက္ခရာ	e' kha ja
épeler (vt)	စာလုံးပေါင်းသည်	sa loun: baun: de
prononciation (f)	အသံထွက်	athan dwe'
accent (m)	ဝဲသံ	we: dhan
avec un accent	ဝဲသံနှင့်	we: dhan hnin.
sans accent	ဝဲသံမပါဘဲ	we: dhan ma. ba be:
mot (m)	စကားလုံး	zaga: loun:
sens (m)	အဓိပ္ပါယ်	adei' be
cours (m pl)	သင်တန်း	thin dan:
s'inscrire (vp)	စာရင်းသွင်းသည်	sajin: dhwin: de
professeur (m) (~ d'anglais)	ဆရာ	hsa ja
traduction (f) (action)	ဘာသာပြန်ခြင်း	ba dha bjan gjin:
traduction (f) (texte)	ဘာသာပြန်ထားချက်	ba dha bjan da: gje'
traducteur (m)	ဘာသာပြန်	ba dha bjan
interprète (m)	စကားပြန်	zaga: bjan
polyglotte (m)	ဘာသာစကားအများပြောနိုင်သူ	ba dha zaga: amja: bjo: nain dhu
mémoire (f)	မှတ်ဉာဏ်	hma' njan

Les loisirs. Les voyages

99. Les voyages. Les excursions

tourisme (m)	ခရီးသွားလုပ်ငန်း	khaji: thwa: lou' ngan:
touriste (m)	ကမ္ဘာလှည့်ခရီးသည်	ga ba hli. kha. ji: de
voyage (m) (à l'étranger)	ခရီးထွက်ခြင်း	khaji: htwe' chin:
aventure (f)	စွန့်စားမှု	sun. za: hmu.
voyage (m)	ခရီး	khaji:
vacances (f pl)	ခွင့်ရက်	khwin. je'
être en vacances	အခွင့်ယူသည်	akhwin. ju de
repos (m) (jours de ~)	အနားယူခြင်း	ana: ju gjin:
train (m)	ရထား	jatha:
en train	ရထားနဲ့	jatha: ne.
avion (m)	လေယာဉ်	lei jan
en avion	လေယာဉ်နဲ့	lei jan ne.
en voiture	ကားနဲ့	ka: ne.
en bateau	သင်္ဘောနဲ့	thin: bo: ne.
bagage (m)	ဝန်စည်စလည်	wun zi za. li
malle (f)	သားရေသေတ္တာ	tha: jei dhi' ta
chariot (m)	ပစ္စည်းတင်ရန်တွန်းလှည်း	pji' si: din jan dun: hle:
passeport (m)	နိုင်ငံကူးလက်မှတ်	nain ngan gu: le' hma'
visa (m)	ဗီဇာ	bi za
ticket (m)	လက်မှတ်	le' hma'
billet (m) d'avion	လေယာဉ်လက်မှတ်	lei jan le' hma'
guide (m) (livre)	လမ်းညွှန်စာအုပ်	lan: hnjun za ou'
carte (f)	မြေပုံ	mjei boun
région (f) (~ rurale)	ဒေသ	dei dha.
endroit (m)	နေရာ	nei ja
exotisme (m)	အထူးအဆန်းပစ္စည်း	a htu: a hsan: bji' si:
exotique (adj)	အထူးအဆန်းဖြစ်သော	a htu: a hsan: hpja' te.
étonnant (adj)	အံ့ဩရာကောင်းသော	an. o: sa ja kaun de.
groupe (m)	အုပ်စု	ou' zu.
excursion (f)	လေ့လာရေးခရီး	lei. la jei: gaji:
guide (m) (personne)	လမ်းညွှန်	lan: hnjun

100. L'hôtel

hôtel (m)	ဟိုတယ်	hou te
motel (m)	မိုတယ်	mou te
3 étoiles	ကြယ် ၃ ပွင့်အဆင့်	kje thoun: pwin. ahsin.

5 étoiles	ကြယ် ၅ ပွင့်အဆင့်	kje nga: pwin. ahsin.
descendre (à l'hôtel)	တည်းခိုသည်	te: khou de
chambre (f)	အခန်း	akhan:
chambre (f) simple	တစ်ယောက်ခန်း	ti' jau' khan:
chambre (f) double	နှစ်ယောက်ခန်း	hni' jau' khan:
réserver une chambre	ကြိုတင်မှာယူသည်	kjou tin hma ju de
demi-pension (f)	ကြိုတင်တစ်ဝက်ငွေချေခြင်း	kjou tin di' we' ngwe gjei gjin:
pension (f) complète	ငွေအပြည့်ကြို	ngwei apjei. kjou
	တင်ပေးချေခြင်း	din bei: chei chin:
avec une salle de bain	ရေချိုးခန်းနှင့်	jei gjou gan: hnin.
avec une douche	ရေပန်းနှင့်	jei ban: hnin.
télévision (f) par satellite	ဂြိုဟ်တုရုပ်မြင်သံကြား	gjou' htu. jou' mjin dhan gja:
climatiseur (m)	လေအေးပေးစက်	lei ei: bei: ze'
serviette (f)	တဘက်	tabe'
clé (f)	သော့	tho.
administrateur (m)	အုပ်ချုပ်ရေးမှူး	ou' chu' jei: hmu:
femme (f) de chambre	သန့်ရှင်းရေးဝန်ထမ်း	than. shin: jei: wun dan:
porteur (m)	အထမ်းသမား	a htan: dha. ma:
portier (m)	တံခါးဝမှ ဉ့်ကြို	daga: wa. hma. e. kjou
restaurant (m)	စားသောက်ဆိုင်	sa: thau' hsain
bar (m)	ဘား	ba:
petit déjeuner (m)	နံနက်စာ	nan ne' za
dîner (m)	ညစာ	nja. za
buffet (m)	ဘူဖေး	bu hpei:
hall (m)	နားနေရောင်ခန်း	hna jaun gan:
ascenseur (m)	ဓာတ်လှေကား	da' hlei ga:
PRIÈRE DE NE PAS DÉRANGER	မနှောင့်ယှက်ရ	ma. hnaun hje' ja.
DÉFENSE DE FUMER	ဆေးလိပ်မသောက်ရ	hsei: lei' ma. dhau' ja.

LE MATÉRIEL TECHNIQUE. LES TRANSPORTS

Le matériel technique

101. L'informatique

ordinateur (m)	ကွန်ပျူတာ	kun pju ta
PC (m) portable	လပ်တော့	la' to.
allumer (vt)	ဖွင့်သည်	hpwin. de
éteindre (vt)	ပိတ်သည်	pei' te
clavier (m)	ကီးဘုတ်	kji: bou'
touche (f)	ကီး	kji:
souris (f)	မောက်စ်	mau's
tapis (m) de souris	မောက်စ်အောက်ခံပြား	mau's au' gan bja:
bouton (m)	ခလုတ်	khalou'
curseur (m)	ညွှန်းများ	hnjun: ma:
moniteur (m)	မော်နီတာ	mo ni ta
écran (m)	မှန်သားပြင်	hman dha: bjin
disque (m) dur	ဟတ်ဒစ်-အချက်အလက် သိမ်းပစ္စည်း	ha' di' akja' ale' thein: bji' si:
capacité (f) du disque dur	ဟတ်ဒစ်သိုလှောင်နိုင်မှု	ha' di' thou laun nain hmu.
mémoire (f)	မှတ်ဉာဏ်	hma' njan
mémoire (f) vive	ရမ်	ran
fichier (m)	ဖိုင်	hpain
dossier (m)	စာတွဲဖိုင်	sa dwe: bain
ouvrir (vt)	ဖွင့်သည်	hpwin. de
fermer (vt)	ပိတ်သည်	pei' te
sauvegarder (vt)	သိမ်းဆည်းသည်	thain: zain: de
supprimer (vt)	ဖျက်သည်	hpje' te
copier (vt)	မိတ္တူကူးသည်	mi' tu gu: de
trier (vt)	ခွဲသည်	khwe: de
copier (vt)	ပြန်ကူးသည်	pjan gu: de
programme (m)	ပရိုဂရမ်	pa. jou ga. jan
logiciel (m)	ဆော့ဗ်ဝဲ	hso. hp we:
programmeur (m)	ပရိုဂရမ်မာ	pa. jou ga. jan ma
programmer (vt)	ပရိုဂရမ်ရေးသည်	pa. jou ga. jan jei: de
hacker (m)	ဟက်ကာ	he' ka
mot (m) de passe	စကားဝှက်	zaga: hwe'
virus (m)	ဗိုင်းရပ်စ်	bain ja's
découvrir (détecter)	ရှာဖွေသည်	sha hpwei de

bit (m)	ဘိုက်	bai'
mégabit (m)	မီဂါဘိုက်	mi ga bai'
données (f pl)	အချက်အလက်	ache' ale'
base (f) de données	ဒေတာဘေ့စ်	dei da bei. s
câble (m)	ကေဘယ်ကြိုး	kei be kjou:
déconnecter (vt)	ဖြုတ်သည်	hpjei: de
connecter (vt)	တပ်သည်	ta' te

102. L'Internet. Le courrier électronique

Internet (m)	အင်တာနက်	in ta na'
navigateur (m)	ဘရောက်ဆာ	ba. jau' hsa
moteur (m) de recherche	ဆာချ်အင်ဂျင်	hsa. ch in gjin
fournisseur (m) d'accès	ပုံပိုးသူ	pan. bou: dhu
administrateur (m) de site	ဝက်မာစတာ	we' sai' ma sa. ta
site (m) web	ဝက်ဆိုက်	we' sai'
page (f) web	ဝက်ဆိုဒ်စာမျက်နှာ	we' sai' sa mje' hna
adresse (f)	လိပ်စာ	lei' sa
carnet (m) d'adresses	လိပ်စာမှတ်စု	lei' sa hmat' su.
boîte (f) de réception	စာတိုက်ပုံး	sa dai' poun:
courrier (m)	စာ	sa
pleine (adj)	ပြည့်သော	pjei. de.
message (m)	သတင်း	dhadin:
messages (pl) entrants	အဝင်သတင်း	awin dha din:
messages (pl) sortants	အထွက်သတင်း	a htwe' tha. din:
expéditeur (m)	ပို့သူ	pou. dhu
envoyer (vt)	ပို့သည်	pou. de
envoi (m)	ပို့ခြင်း	pou. gjin:
destinataire (m)	လက်ခံသူ	le' khan dhu
recevoir (vt)	လက်ခံရရှိသည်	le' khan ja. shi. de
correspondance (f)	စာအဆက်အသွယ်	sa ahse' athwe
être en correspondance	စာပေးစာယူလုပ်သည်	sa pei: za ju lou' te
fichier (m)	ဖိုင်	hpain
télécharger (vt)	ဒေါင်းလော့ဒ်လုပ်သည်	daun: lo. d lou' de
créer (vt)	ဖန်တီးသည်	hpan di: de
supprimer (vt)	ဖျက်သည်	hpje' te
supprimé (adj)	ဖျက်ပြီးသော	hpje' pji: de.
connexion (f) (ADSL, etc.)	ဆက်သွယ်မှု	hse' thwe hmu.
vitesse (f)	နှုန်း	hnun:
modem (m)	မိုဒမ်း	mou dan:
accès (m)	ဝင်လမ်း	win lan
port (m)	ဝဘက်	we: be'
connexion (f) (établir la ~)	အချိတ်အဆက်	achei' ahse'

se connecter à ...	ချိတ်ဆက်သည်	chei' hse' te
sélectionner (vt)	ရွေးချယ်သည်	jwei: che de
rechercher (vt)	ရှာသည်	sha de

103. L'électricité

électricité (f)	လျှပ်စစ်ဓာတ်အား	hlja' si' da' a:
électrique (adj)	လျှပ်စစ်နှင့်ဆိုင်သော	hlja' si' hnin. zain de.
centrale (f) électrique	လျှပ်စစ်ထုတ်လုပ်သောစက်ရုံ	hlja' si' htou' lou' tho: ze' joun
énergie (f)	စွမ်းအင်	swan: in
énergie (f) électrique	လျှပ်စစ်စွမ်းအား	hlja' si' swan: a:
ampoule (f)	မီးသီး	mi: dhi:
torche (f)	ဓာတ်မီး	da' mi:
réverbère (m)	လမ်းမီး	lan: mi:
lumière (f)	အလင်းရောင်	alin: jaun
allumer (vt)	ဖွင့်သည်	hpwin. de
éteindre (vt)	ပိတ်သည်	pei' te
éteindre la lumière	မီးပိတ်သည်	mi: pi' te
être grillé	မီးကျွမ်းသည်	mi: kjwan: de
court-circuit (m)	လျှပ်ပီးဘတ်လမ်းပြတ်ခြင်း	hlja' si: ba' lan: bja' chin:
rupture (f)	ဝိုင်ယာကြိုးအပြတ်	wain ja gjou: apja'
contact (m)	လျှပ်ကူးပစ္စည်း	hlja' ku: pji' si:
interrupteur (m)	ခလုတ်	khalou'
prise (f)	ပလပ်ပေါက်	pa. la' pau'
fiche (f)	ပလပ်	pa. la'
rallonge (f)	ကြားဆက်ကြိုး	ka: ze' kjou:
fusible (m)	ဖျူး	hpju: s
fil (m)	ဝိုင်ယာကြိုး	wain ja gjou:
installation (f) électrique	လျှပ်စစ်ကြိုးသွယ်တန်းမှု	hlja' si' kjou: dhwe dan: hmu
ampère (m)	အမ်ပီယာ	an bi ja
intensité (f) du courant	အသံချဲ့စက်	athan che. zek
volt (m)	ဗို့	boi.
tension (f)	ဗို့အား	bou. a:
appareil (m) électrique	လျှပ်စစ်ပစ္စည်း	hlja' si' pji' si:
indicateur (m)	အချက်ပြ	ache' pja.
électricien (m)	လျှပ်စစ်ပညာရှင်	hlja' si' pa. nja shin
souder (vt)	ဂဟေဆော်သည်	gahei hso de
fer (m) à souder	ဂဟေဆော်တံ	gahei hso dan
courant (m)	လျှပ်းကြောင်း	hlja' si: gjaun:

104. Les outils

outil (m)	ကိရိယာ	ki. ji. ja
outils (m pl)	ကိရိယာများ	ki. ji. ja mja:

équipement (m)	စက်ကိရိယာပစ္စည်းများ	se' kari. ja pji' si: mja:
marteau (m)	တူ	tu
tournevis (m)	ဝက်အူလှည့်	we' u hli.
hache (f)	ပုဆိန်	pahsein
scie (f)	လွှ	hlwa.
scier (vt)	လွှတိုက်သည်	hlwa. dai' de
rabot (m)	ရွှေပေါ်	jwei bo
raboter (vt)	ရွှေပေါ်ထိုးသည်	jwei bo dou: de
fer (m) à souder	ဂဟေဆော်တံ	gahei hso dan
souder (vt)	ဂဟေဆော်သည်	gahei hso de
lime (f)	တံစဉ်း	tan zin:
tenailles (f pl)	သန်ပ်တို	than hnou'
pince (f) plate	ပလာယာ	pa. la ja
ciseau (m)	ဆောက်	hsau'
foret (m)	လွန်	lun
perceuse (f)	လျှပ်စစ်လွန်	hlja' si' lun
percer (vt)	လွန်းဖြင့်ဖောက်သည်	lun bjin. bau' de
couteau (m)	ဓား	da:
canif (m)	မောင်းကျက်ဓား	maun: gje' da:
lame (f)	ဓားသွား	da: dhwa
bien affilé (adj)	ချွန်ထက်သော	chwan de' te.
émoussé (adj)	တုံးသော	toun: dho:
s'émousser (vp)	တုံးသွားသည်	toun: dwa de
affiler (vt)	သွေးသည်	thwei: de
boulon (m)	မူလီ	mu li
écrou (m)	မူလီခေါင်း	mu li gaun:
filetage (m)	ဝက်အူရစ်	we' u ji'
vis (f) à bois	ဝက်အူ	we' u
clou (m)	အိမ်ရိုက်သံ	ein jai' than
tête (f) de clou	သံခေါင်း	than gaun:
règle (f)	ပေတံ	pei dan
mètre (m) à ruban	ပေကြိုး	pei gjou:
niveau (m) à bulle	ရေချိန်	jei gjain
loupe (f)	မှန်ဘီလူး	hman bi lu:
appareil (m) de mesure	တိုင်းသည့်ကိရိယာ	tain: dhi. ki. ji. ja
mesurer (vt)	တိုင်းသည်	tain: de
échelle (f) (~ métrique)	စကေး	sakei:
relevé (m)	ပြသောပမာက	pja. dho: ba ma na.
compresseur (m)	ဖိသိပ်စက်	hpi. dhi' se'
microscope (m)	အကကြည့်ကိရိယာ	anu gji. gi. ji. ja
pompe (f)	လေထိုးစက်	lei dou: ze'
robot (m)	စက်ရုပ်	se' jou'
laser (m)	လေဆာ	lei za
clé (f) de serrage	ခွ	khwa.
ruban (m) adhésif	တိပ်	tei'

colle (f)	ကော်	ko
papier (m) d'émeri	ကော်ဖတ်စက္ကူ	ko hpa' se' ku
ressort (m)	ညွတ်သံခွေ	hnju' dhan gwei
aimant (m)	သံလိုက်	than lai'
gants (m pl)	လက်အိတ်	lei' ei'

corde (f)	ကြိုး	kjou:
cordon (m)	ကြိုးလုံး	kjou: loun:
fil (m) (~ électrique)	ဝိုင်ယာကြိုး	wain ja gjou:
câble (m)	ကေဘယ်ကြိုး	kei be kjou:

masse (f)	တူကြီး	tou gji:
pic (m)	တူရှင်း	tu: jwin:
escabeau (m)	လှေကား	hlei ga:
échelle (f) double	ခေါက်လှေကား	khau' hlei ka:

visser (vt)	ဝက်အူကျစ်သည်	we' u gji' te
dévisser (vt)	ဝက်အူဖြုတ်သည်	we' u bju' te
serrer (vt)	ကျပ်သည်	kja' te.
coller (vt)	ကော်ကပ်သည်	ko ka' de
couper (vt)	ဖြတ်သည်	hpja' te

défaut (m)	ချွတ်ယွင်းချက်	chwe' jwin: che'
réparation (f)	ပြန်လည်ပြင်ဆင်ခြင်း	pjan le: bjin zin gjin:
réparer (vt)	ပြန်လည်ပြင်ဆင်သည်	pjan le bjin zin de
régler (vt)	ညှိသည်	hnji. de

vérifier (vt)	စစ်ဆေးသည်	si' hsei: de
vérification (f)	စစ်ဆေးခြင်း	si' hsei: gjin:
relevé (m)	ပြသောပမာဏ	pja. dho: ba ma na.

fiable (machine ~)	စိတ်ချရသော	sei' cha. ja. de.
complexe (adj)	ရှုပ်ထွေးသော	sha' htwei: de.

rouiller (vi)	သံချေးတက်သည်	than gjei: da' te
rouillé (adj)	သံချေးတက်သော	than gjei: da' te.
rouille (f)	သံချေး	than gjei:

Les transports

105. L'avion

avion (m)	လေယာဉ်	lei jan
billet (m) d'avion	လေယာဉ်လက်မှတ်	lei jan le' hma'
compagnie (f) aérienne	လေကြောင်း	lei gjaun:
aéroport (m)	လေဆိပ်	lei zi'
supersonique (adj)	အသံထက်မြန်သော	athan de' mjan de.
commandant (m) de bord	လေယာဉ်မှူး	lei jan hmu:
équipage (m)	လေယာဉ်အမှုထမ်းအဖွဲ့	lei jan ahmu. dan: ahpwe.
pilote (m)	လေယာဉ်မောင်းသူ	lei jan maun dhu
hôtesse (f) de l'air	လေယာဉ်မယ်	lei jan me
navigateur (m)	လေကြောင်းပြ	lei gjaun: bja.
ailes (f pl)	လေယာဉ်တောင်ပံ	lei jan daun ban
queue (f)	လေယာဉ်အမြီး	lei jan amji:
cabine (f)	လေယာဉ်မောင်းအခန်း	lei jan maun akhan:
moteur (m)	အင်ဂျင်	in gjin
train (m) d'atterrissage	အောက်ခံဘောင်	au' khan baun
turbine (f)	တာဘိုင်	ta bain
hélice (f)	ပန်ကာ	pan ga
boîte (f) noire	ဘလက်သောက်	ba. le' bo'
gouvernail (m)	ပဲ့ကိုင်ဘီး	pe. gain bi:
carburant (m)	လောင်စာ	laun za
consigne (f) de sécurité	အရေးပေါ် လုံခြုံရေး ညွှန်ကြားစာ	ajei: po' choun loun jei: hnjun gja: za
masque (m) à oxygène	အောက်ဆီဂျင်မျက်နှာဖုံး	au' hsi gjin mje' hna hpoun:
uniforme (m)	ယူနီဖောင်း	ju ni hpaun:
gilet (m) de sauvetage	အသက်ကယ်အင်္ကျီ	athe' kai in: gji
parachute (m)	လေထီး	lei di:
décollage (m)	ထွက်ခွါခြင်း	htwe' khwa gjin:
décoller (vi)	ပျံတက်သည်	pjan de' te
piste (f) de décollage	လေယာဉ်ပြေးလမ်း	lei jan bei: lan:
visibilité (f)	မြင်ကွင်း	mjin gwin:
vol (m) (~ d'oiseau)	ပျံသန်းခြင်း	pjan dan: gjin:
altitude (f)	အမြင့်	amjin.
trou (m) d'air	လေမငြိမ်အရပ်	lei ma ngjin aja'
place (f)	ထိုင်ခုံ	htain goun
écouteurs (m pl)	နားကြပ်	na: kja'
tablette (f)	ခေါက်စားပွဲ	khau' sa: bwe:
hublot (m)	လေယာဉ်ပြတင်းပေါက်	lei jan bja. din: bau'
couloir (m)	မင်းလမ်း	min: lan:

106. Le train

Français	Birman	Translittération
train (m)	ရထား	jatha:
train (m) de banlieue	လျှပ်စစ်ဓာတ်အားသုံးရထား	hlja' si' da' a: dhou: ja da:
TGV (m)	အမြန်ရထား	aman ja. hta:
locomotive (f) diesel	ဒီဇယ်ရထား	di ze ja da:
locomotive (f) à vapeur	ရေနွေးငွေ့စက်ခေါင်း	jei nwei: ngwei. ze' khaun:
wagon (m)	အတွဲ	atwe:
wagon-restaurant (m)	စားသောက်တွဲ	sa: thau' thwe:
rails (m pl)	ရထားသံလမ်း	jatha dhan lan:
chemin (m) de fer	ရထားလမ်း	jatha: lan:
traverse (f)	ဇလီဖားတုံး	zali ba: doun
quai (m)	စင်္ကြံ	sin gjan
voie (f)	ရထားစင်္ကြံ	jatha zin gjan
sémaphore (m)	မီးပွိုင့်	mi: bwain.
station (f)	ဘူတာရုံ	bu da joun
conducteur (m) de train	ရထားမောင်းသူ	jatha: maun: dhu
porteur (m)	အထမ်းသမား	a htan: dha. ma:
steward (m)	အစောင့်	asaun.
passager (m)	ခရီးသည်	khaji: de
contrôleur (m) de billets	လက်မှတ်စစ်ဆေးသူ	le' hma' ti' hsei: dhu:
couloir (m)	ကော်ရစ်တာ	ko ji' ta
frein (m) d'urgence	အရေးပေါ်ဘရိတ်	ajei: po' ba ji'
compartiment (m)	အခန်း	akhan:
couchette (f)	အိပ်စင်	ei' zin
couchette (f) d'en haut	အပေါ်ထပ်အိပ်စင်	apo htap ei' sin
couchette (f) d'en bas	အောက်ထပ်အိပ်စင်	au' hta' ei' sin
linge (m) de lit	အိပ်ရာခင်း	ei' ja khin:
ticket (m)	လက်မှတ်	le' hma'
horaire (m)	အချိန်ဇယား	achein zaja:
tableau (m) d'informations	အချက်အလက်ပြနေရာ	ache' ale' pja. nei ja
partir (vi)	ထွက်ရှိသည်	htwe' khwa de
départ (m) (du train)	အထွက်	a htwe'
arriver (le train)	ဆိုက်ရောက်သည်	hseu' jau' de
arrivée (f)	ဆိုက်ရောက်ရာ	hseu' jau' ja
arriver en train	မီးရထားဖြင့်ရောက်ရှိသည်	mi: ja. da: bjin. jau' shi. de
prendre le train	မီးရထားစီးသည်	mi: ja. da: zi: de
descendre du train	မီးရထားမှဆင်းသည်	mi: ja. da: hma. zin: de
accident (m) ferroviaire	ရထားတိုက်ခြင်း	jatha: dai' chin:
dérailler (vi)	ရထားလမ်းချော်သည်	jatha: lan: gjo de
locomotive (f) à vapeur	ရေနွေးငွေ့စက်ခေါင်း	jei nwei: ngwei. ze' khaun:
chauffeur (m)	မီးထိုးသမား	mi: dou: dhama:
chauffe (f)	မီးဘို	mi: bou
charbon (m)	ကျောက်မီးသွေး	kjau' mi: dhwei:

107. Le bateau

bateau (m)	သင်္ဘော	thin: bo:
navire (m)	ရေယာဉ်	jei jan
bateau (m) à vapeur	မီးသင်္ဘော	mi: dha. bo:
paquebot (m)	အပျော်စီးမော်တော်ဘွတ်ငယ်	apjo zi: mo do bou' nge
bateau (m) de croisière	ပင်လယ်အပျော်စီးသင်္ဘော	pin le apjo zi: dhin: bo:
croiseur (m)	လေယာဉ်တင်သင်္ဘော	lei jan din
yacht (m)	အပျော်စီးရွက်လှေ	apjo zi: jwe' hlei
remorqueur (m)	ဆွဲသင်္ဘော	hswe: thin: bo:
péniche (f)	ဖောင်	hpaun
ferry (m)	ကူးတို့သင်္ဘော	gadou. thin: bo:
voilier (m)	ရွက်သင်္ဘော	jwe' thin: bo:
brigantin (m)	ရွက်လှေ	jwe' hlei
brise-glace (m)	ရေခဲပြင်ခွဲသင်္ဘော	jei ge: bjin gwe: dhin: bo:
sous-marin (m)	ရေငုပ်သင်္ဘော	jei ngou' thin: bo:
canot (m) à rames	လှေ	hlei
dinghy (m)	ရော်ဘာလှေ	jo ba hlei
canot (m) de sauvetage	အသက်ကယ်လှေ	athe' kai hlei
canot (m) à moteur	မော်တော်ဘွတ်	mo to bou'
capitaine (m)	ရေယာဉ်မှူး	jei jan hmu:
matelot (m)	သင်္ဘောသား	thin: bo: dha:
marin (m)	သင်္ဘောသား	thin: bo: dha:
équipage (m)	သင်္ဘောအမှုထမ်းအဖွဲ့	thin: bo: ahmu. htan: ahpwe.
maître (m) d'équipage	ရေတပ်အရာရှိငယ်	jei da' aja shi. nge
mousse (m)	သင်္ဘောသားကလေး	thin: bo: dha: galei:
cuisinier (m) du bord	ထမင်းချက်	htamin: gje'
médecin (m) de bord	သင်္ဘောဆရာဝန်	thin: bo: zaja wun
pont (m)	သင်္ဘောကုန်းပတ်	thin: bo: koun: ba'
mât (m)	ရွက်တိုင်	jwe' tai'
voile (f)	ရွက်	jwe'
cale (f)	ဝမ်းတွင်း	wan: twin:
proue (f)	ဦးပိုင်း	u: zun:
poupe (f)	ပဲ့ပိုင်း	pe. bain:
rame (f)	လှော်တက်	hlo de'
hélice (f)	သင်္ဘောပန်ကာ	thin: bo: ban ga
cabine (f)	သင်္ဘောပေါ်မှအခန်း	thin: bo: bo hma. aksan:
carré (m) des officiers	အရာရှိများရှိရာသာ	aja shi. mja: jin dha
salle (f) des machines	စက်ခန်း	se' khan:
passerelle (f)	ကွပ်ကဲခန်း	ku' ke: khan:
cabine (f) de T.S.F.	ရေဒီယိုခန်း	rei di jou gan:
onde (f)	လှိုင်း	hlain:
journal (m) de bord	မှတ်တမ်းစာအုပ်	hma' tan: za ou'
longue-vue (f)	အဝေးကြည့်မှန်ပြောင်း	awei: gji. hman bjaun:
cloche (f)	ခေါင်းလောင်း	gaun: laun:

pavillon (m)	အလံ	alan
grosse corde (f) tressée	သင်္ဘောသုံးလွန်ကြိုး	thin: bo: dhaun: lun gjou:
nœud (m) marin	ကြိုးထုံး	kjou: htoun:
rampe (f)	လက်ရန်း	le' jan
passerelle (f)	သင်္ဘောကုန်းပေါင်	thin: bo: koun: baun
ancre (f)	ကျောက်ဆူး	kjau' hsu:
lever l'ancre	ကျောက်ဆူးနှုတ်သည်	kjau' hsu: nou' te
jeter l'ancre	ကျောက်ချသည်	kjau' cha. de
chaîne (f) d'ancrage	ကျောက်ဆူးကြိုး	kjau' hsu: kjou:
port (m)	ဆိပ်ကမ်း	hsi' kan:
embarcadère (m)	သင်္ဘောဆိပ်	thin: bo: zei'
accoster (vi)	ဆိုက်ကပ်သည်	hseu' ka' de
larguer les amarres	စွန့်ပစ်သည်	sun. bi' de
voyage (m) (à l'étranger)	ခရီးထွက်ခြင်း	khaji: htwe' chin:
croisière (f)	အပျော်ခရီး	apjo gaji:
cap (m) (suivre un ~)	ဦးတည်ရာ	u: ti ja
itinéraire (m)	လမ်းကြောင်း	lan: gjaun:
chenal (m)	သင်္ဘောရေကြောင်း	thin: bo: jei gjaun:
bas-fond (m)	ရေတိမ်ပိုင်း	jei dein bain:
échouer sur un bas-fond	ကမ်းကပ်သည်	kan ka' te
tempête (f)	မုန်တိုင်း	moun dain:
signal (m)	အချက်ပြ	ache' pja.
sombrer (vi)	နစ်မြုပ်သည်	ni' mjou' te
Un homme à la mer!	လူရေထဲကျ	lu jei de: gja
SOS (m)	အက်စ်အိုအက်စ်	e's o e's
bouée (f) de sauvetage	အသက်ကယ်ဘော	athe' kai bo

108. L'aéroport

aéroport (m)	လေဆိပ်	lei zi'
avion (m)	လေယာဉ်	lei jan
compagnie (f) aérienne	လေကြောင်း	lei gjaun:
contrôleur (m) aérien	လေကြောင်းထိန်း	lei kjaun: din:
départ (m)	ထွက်ခွာရာ	htwe' khwa ja
arrivée (f)	ဆိုက်ရောက်ရာ	hseu' jau' ja
arriver (par avion)	ဆိုက်ရောက်သည်	hsai' jau' te
temps (m) de départ	ထွက်ခွာချိန်	htwe' khwa gjein
temps (m) d'arrivée	ဆိုက်ရောက်ချိန်	hseu' jau' chein
être retardé	နောက်ကျသည်	nau' kja. de
retard (m) de l'avion	လေယာဉ်နောက်ကျခြင်း	lei jan nau' kja. chin:
tableau (m) d'informations	လေယာဉ်ခရီးစဉ်ပြဘုတ်	lei jan ga. ji: zi bja. bou'
information (f)	သတင်းအချက်အလက်	dhadin: akje' ale'
annoncer (vt)	ကြေညာသည်	kjei nja de
vol (m)	ပျံသန်းမှု	pjan dan: hmu.

douane (f)	အကောက်ခွန်	akau' hsein
douanier (m)	အကောက်ခွန်အရာရှိ	akau' khun aja shi.
déclaration (f) de douane	အကောက်ခွန်ကြေငြာချက်	akau' khun gjei nja gje'
remplir (vt)	လျှောက်လွှာဖြည့်သည်	shau' hlwa bji. de
remplir la déclaration	သယ်ယူပစ္စည်းစာရင်း ကြေညာသည်	the ju pji' si: zajin: kjei nja de
contrôle (m) de passeport	ပတ်စ်ပို့ထိန်းချုပ်မှု	pa's pou. htein: gju' hmu.
bagage (m)	ဝန်စည်စလယ်	wun zi za. li
bagage (m) à main	လက်ဆွဲပစ္စည်း	le' swe: pji' si:
chariot (m)	ပစ္စည်းတင်သည့်လှည်း	pji' si: din dhe. hle:
atterrissage (m)	ဆင်းသက်ခြင်း	hsin: dha' chin:
piste (f) d'atterrissage	အဆင်းလမ်း	ahsin: lan:
atterrir (vi)	ဆင်းသက်သည်	hsin: dha' te
escalier (m) d'avion	လေယာဉ်လှေကား	lei jan hlei ka:
enregistrement (m)	စာရင်းသွင်းခြင်း	sajin: dhwin: gjin:
comptoir (m) d'enregistrement	စာရင်းသွင်းကောင်တာ	sajin: gaun da
s'enregistrer (vp)	စာရင်းသွင်းသည်	sajin: dhwin: de
carte (f) d'embarquement	လေယာဉ်ပေါ်တက်ခွင့်လက်မှတ်	lei jan bo de' khwin. le' hma'
porte (f) d'embarquement	လေယာဉ်ထွက်ရွာရာဂိတ်	lei jan dwe' khwa ja gei'
transit (m)	အကူးအပြောင်း	aku: apjaun:
attendre (vt)	စောင့်သည်	saun. de
salle (f) d'attente	ထွက်ရွာရာခန်းမ	htwe' kha ja gan: ma.
raccompagner (à l'aéroport, etc.)	လိုက်ပို့သည်	lai' bou. de
dire au revoir	နှုတ်ဆက်သည်	hnou' hsei' te

Les grands événements de la vie

109. Les fêtes et les événements

Français	Birman	Transcription
fête (f)	ပျော်ပွဲရွှင်ပွဲ	pjo bwe: shin bwe:
fête (f) nationale	အမျိုးသားနေ့	amjou: dha: nei.
jour (m) férié	ပွဲတော်ရက်	pwe: do je'
fêter (vt)	အထိမ်းအမှတ်အဖြစ်ကျင်း ပသည်	a htin: ahma' ahpja' kjin: ba. de
événement (m) (~ du jour)	အဖြစ်အပျက်	a hpji' apje'
événement (m) (soirée, etc.)	အစီအစဉ်	asi asin
banquet (m)	ဂုဏ်ပြုစားပွဲ	goun bju za: bwe:
réception (f)	ဧည့်ကြိုနေရာ	e. gjou nei ja
festin (m)	စားသောက်ဧည့်ခံပွဲ	sa: thau' e. gan bwe:
anniversaire (m)	နှစ်ပတ်လည်	hni' ba' le
jubilé (m)	ရတု	jadu.
célébrer (vt)	ကျင်းပသည်	kjin: ba. de
Nouvel An (m)	နှစ်သစ်ကူး	hni' thi' ku:
Bonne année!	ပျော်ရွှင်ဖွယ်နှစ်သစ်ကူး ဖြစ်ပါစေ	pjo shin bwe: hni' ku: hpji' ba zei
Père Noël (m)	ခရစ္စမတ်ဘိုးဘိုး	khari' sa. ma' bou: bou:
Noël (m)	ခရစ္စမတ်ပွဲတော်	khari' sa. ma' pwe: do
Joyeux Noël!	မယ်ရီခရစ္စမတ်	me ji kha. ji' sa. ma'
arbre (m) de Noël	ခရစ္စမတ်သစ်ပင်	khari' sa. ma' thi' pin
feux (m pl) d'artifice	မီးရှူးမီးပန်း	mi: shu: mi: ban:
mariage (m)	မင်္ဂလာဆောင်ပွဲ	min ga. la zaun bwe:
fiancé (m)	သတို့သား	dhadou. tha:
fiancée (f)	သတို့သမီး	dhadou. thami:
inviter (vt)	ဖိတ်သည်	hpi' de
lettre (f) d'invitation	ဖိတ်စာကဒ်	hpi' sa ka'
invité (m)	ဧည့်သည်	e. dhe
visiter (~ les amis)	အိမ်လည်သွားသည်	ein le dhwa: de
accueillir les invités	ဧည့်သည်ကြိုဆိုသည်	e. dhe gjou zou de
cadeau (m)	လက်ဆောင်	le' hsaun
offrir (un cadeau)	ပေးသည်	pei: de
recevoir des cadeaux	လက်ဆောင်ရသည်	le' hsaun ja. de
bouquet (m)	ပန်းစည်း	pan: ze:
félicitations (f pl)	ဂုဏ်ပြုခြင်း	goun bju chin:
féliciter (vt)	ဂုဏ်ပြုသည်	goun bju de
carte (f) de veux	ဂုဏ်ပြုကဒ်	goun bju ka'
envoyer une carte	ပို့ကဒ်ပေးသည်	pou. s ka' pei: de

recevoir une carte	ပို့စ်ကဒ်လက်ခံရရှိသည်	pou. s ka' le' khan ja. shi. de
toast (m)	ဆုတောင်းဂုဏ်ပြုခြင်း	hsu. daun: goun pju. gjin:
offrir (un verre, etc.)	ကျွေးသည်	kjwei: de
champagne (m)	ရှန်ပိန်	shan pein
s'amuser (vp)	ပျော်ရွှင်သည်	pjo shwin de
gaieté (f)	ပျော်ရွှင်မှု	pjo shwin hmu
joie (f) (émotion)	ပျော်ရွှင်ခြင်း	pjo shwin gjin:
danse (f)	အက	aka.
danser (vi, vt)	ကသည်	ka de
valse (f)	ဝေါ့ဇ်အက	wo. z aka.
tango (m)	တန်ဂိုအက	tan gou aka.

110. L'enterrement. Le deuil

cimetière (m)	သင်္ချိုင်း	thin gjain:
tombe (f)	အုတ်ဂူ	ou' gu
croix (f)	လက်ဝါးကပ်တိုင်အမှတ်အသား	le' wa: ka' tain ahma' atha:
pierre (f) tombale	အုတ်ဂူကျောက်တုံး	ou' gu kjau' toun.
clôture (f)	ခြံစည်းရိုး	chan zi: jou:
chapelle (f)	ဝတ်ပြုဆုတောင်းရာနေရာ	wa' pju. u. daun: ja nei ja
mort (f)	သေခြင်းတရား	thei gjin: daja:
mourir (vi)	ကွယ်လွန်သည်	kwe lun de
défunt (m)	ကွယ်လွန်သူ	kwe lun dhu
deuil (m)	ဝမ်းနည်းကြေကွဲခြင်း	wan: ne: gjei gwe gjin:
enterrer (vt)	မြေမြှုပ်သင်္ဂြိုဟ်သည်	mjei hmjou' dha. gjoun de
maison (f) funéraire	အသုဘရှုရန်နေရာ	athu. ba. shu. jan nei ja
enterrement (m)	စျာပန	za ba. na.
couronne (f)	ပန်းခွေ	pan gwei
cercueil (m)	ခေါင်း	gaun:
corbillard (m)	နိဗ္ဗာန်ယာဉ်	nei' ban jan
linceul (m)	လူသေပတ်သည့်အဝတ်စ	lu dhei ba' the. awa' za.
cortège (m) funèbre	အသုဘယာဉ်တန်း	athu. ba. in dan:
urne (f) funéraire	အရိုးပြာအိုး	ajain: bja ou:
crématoire (m)	မီးသင်္ဂြိုဟ်ရုံ	mi: dha. gjoun joun
nécrologue (m)	နာရေးသတင်း	na jei: dha. din:
pleurer (vi)	ငိုသည်	ngou de
sangloter (vi)	ရှိုက်ငိုသည်	shai' ngou de

111. La guerre. Les soldats

section (f)	တပ်စု	ta' su.
compagnie (f)	တပ်ခွဲ	ta' khwe:
régiment (m)	တပ်ရင်း	ta' jin:
armée (f)	တပ်မတော်	ta' mado

division (f)	တိုင်းအဆင့်	tain: ahsin.
détachement (m)	အထူးစစ်သားအဖွဲ့ငယ်	a htu: za' tha: ahpwe. nge
armée (f) (Moyen Âge)	စစ်တပ်ဖွဲ့	si' ta' hpwe.

soldat (m) (un militaire)	စစ်သား	si' tha:
officier (m)	အရာရှိ	aja shi.

soldat (m) (grade)	တပ်သား	ta' tha:
sergent (m)	တပ်ကြပ်ကြီး	ta' kja' kji:
lieutenant (m)	ဗိုလ်	bou
capitaine (m)	ဗိုလ်ကြီး	bou gji
commandant (m)	ဗိုလ်မှူး	bou hmu:
colonel (m)	ဗိုလ်မှူးကြီး	bou hmu: gji:
général (m)	ဗိုလ်ချုပ်	bou gjou'

marin (m)	ရေတပ်သား	jei da' tha:
capitaine (m)	ဗိုလ်ကြီး	bou gji
maître (m) d'équipage	သင်္ဘောအရာရှိငယ်	thin: bo: aja shi. nge

artilleur (m)	အမြောက်တပ်သား	amjau' thin de.
parachutiste (m)	လေထီးခုန်စစ်သား	lei di: goun zi' tha:
pilote (m)	လေယာဉ်မှူး	lei jan hmu:
navigateur (m)	လေကြောင်းပြ	lei gjaun: bja.
mécanicien (m)	စက်ပြင်ဆရာ	se' pjin zaja

démineur (m)	မိုင်းရှင်းသူ	main: shin: dhu
parachutiste (m)	လေထီးခုန်သူ	lei di: goun dhu

éclaireur (m)	ကင်းထောက်	kin: dau'
tireur (m) d'élite	လက်ဖြောင့်စစ်သား	le' hpaun. zi' tha:

patrouille (f)	လှည့်ကင်း	hle. kin:
patrouiller (vi)	ကင်းလှည့်သည်	kin: hle. de
sentinelle (f)	ကင်းသမား	kin: dhama:

guerrier (m)	စစ်သည်	si' te
patriote (m)	မျိုးချစ်သူ	mjou: gji dhu

héros (m)	သူရဲကောင်း	thu je: kaun:
héroïne (f)	အမျိုးသမီးလူ	amjou: dhami: lu
	စွမ်းကောင်း	swan: gaun:

traître (m)	သစ္စာဖောက်	thi' sabau'
trahir (vt)	သစ္စာဖောက်သည်	thi' sabau' te

déserteur (m)	စစ်ပြေး	si' pjei:
déserter (vt)	စစ်တပ်မှထွက်ပြေးသည်	si' ta' hma. dwe' pjei: de

mercenaire (m)	ကြေးစားစစ်သား	kjei: za za' tha:
recrue (f)	တပ်သားသစ်	ta' tha: dhi'
volontaire (m)	မိမိ၏ဆန္ဒ	mi. mi. i zan da.
	အရစစ်ထဲဝင်သူ	aja. zi' hte: win dhu

mort (m)	တိုက်ပွဲကျသူ	tai' pwe: gja dhu
blessé (m)	ဒဏ်ရာရသူ	dan ja ja. dhu
prisonnier (m) de guerre	စစ်သုံ့ပန်း	si' thoun. ban:

112. La guerre. Partie 1

guerre (f)	စစ်ပွဲ	si' pwe:
faire la guerre	စစ်ပွဲပါဝင်ဆင်နွှဲသည်	si' pwe: ba win zin hnwe: de
guerre (f) civile	ပြည်တွင်းစစ်	pji dwin: zi'
perfidement (adv)	သစ္စာဖောက်သွေဖီလျက်	thi' sabau' thwei bi le'
déclaration (f) de guerre	စစ်ကြေငြာခြင်း	si' kjei nja gjin:
déclarer (la guerre)	ကြေငြာသည်	kjei nja de
agression (f)	ကျူးကျော်ရန်စမှု	kju: gjo jan za. hmu.
attaquer (~ un pays)	တိုက်ခိုက်သည်	tai' khai' te
envahir (vt)	ကျူးကျော်ဝင်ရောက်သည်	kju: gjo win jau' te
envahisseur (m)	ကျူးကျော်ဝင်ရောက်သူ	kju: gjo win jau' thu
conquérant (m)	အောင်နိုင်သူ	aun nain dhu
défense (f)	ကာကွယ်ရေး	ka gwe ei:
défendre (vt)	ကာကွယ်သည်	ka gwe de
se défendre (vp)	ခုခံကာကွယ်သည်	khu. gan ga gwe de
ennemi (m)	ရန်သူ	jan dhu
adversaire (m)	ပြိုင်ဘက်	pjain be'
ennemi (adj) (territoire ~)	ရန်သူ	jan dhu
stratégie (f)	မဟာဗျူဟာ	maha bju ha
tactique (f)	ဗျူဟာ	bju ha
ordre (m)	အမိန့်	amin.
commande (f)	အမိန့်	amin.
ordonner (vt)	အမိန့်ပေးသည်	amin. bei: de
mission (f)	ရည်မှန်းချက်	ji hman: gje'
secret (adj)	လျှို့ဝှက်သော	shou. hwe' te.
bataille (f)	တိုက်ပွဲငယ်	tai' pwe: nge
combat (m)	တိုက်ပွဲ	tai' pwe:
attaque (f)	တိုက်စစ်	tai' si'
assaut (m)	တဟုန်ထိုးတိုက်ခိုက်ခြင်း	tahoun
prendre d'assaut	တရြုကမ်းတိုက်ခိုက်သည်	tara gjan: dai' khai' te
siège (m)	ဝန်းရံလုပ်ကြံခြင်း	wun: jan lou' chan gjin:
offensive (f)	ထိုးစစ်	htou: zi'
passer à l'offensive	ထိုးစစ်ဆင်နွှဲသည်	htou: zi' hsin hnwe: de
retraite (f)	ဆုတ်ခွာခြင်း	hsou' khwa gjin:
faire retraite	ဆုတ်ခွာသည်	hsou' khwa de
encerclement (m)	ဝန်းရံပိတ်ဆို့ထားခြင်း	wun: jan bei' zou. da: chin:
encercler (vt)	ဝန်းရံပိတ်ဆို့ထားသည်	wun: jan bei' zou. da: de
bombardement (m)	ဗုံးကြဲခြင်း	boun: gje: gja. gjin:
lancer une bombe	ဗုံးကြဲသည်	boun: gje: gja. de
bombarder (vt)	ဗုံးကြဲတိုက်ခိုက်သည်	boun: gje: dai' khai' te
explosion (f)	ပေါက်ကွဲမှု	pau' kwe: hmu.
coup (m) de feu	ပစ်ချက်	pi' che'

Français	Birman	Prononciation
tirer un coup de feu	ပစ်သည်	pi' te
fusillade (f)	ပစ်ခတ်ခြင်း	pi' che' chin:
viser ... (cible)	ပစ်မှတ်ချိန်သည်	pi' hma' chein de
pointer (sur ...)	ချိန်ရွယ်သည်	chein jwe de
atteindre (cible)	ပစ်မှတ်ထိသည်	pi' hma' hti. de
faire sombrer	နစ်မြုပ်သည်	ni' mjou' te
trou (m) (dans un bateau)	အပေါက်	apau'
sombrer (navire)	နစ်မြုပ်သည်	hni' hmjou' te
front (m)	ရှေ့တန်း	shei. dan:
évacuation (f)	စစ်ဘေးရှောင်ခြင်း	si' bei: shaun gjin:
évacuer (vt)	စစ်ဘေးရှောင်သည်	si' bei: shaun de
tranchée (f)	ကတုတ်ကျင်း	gadou kjin:
barbelés (m pl)	သံဆူးကြိုး	than zu: gjou:
barrage (m) (~ antichar)	အတားအဆီး	ata: ahsi:
tour (f) de guet	မျှော်စင်	hmjo zin
hôpital (m)	ရှေ့တန်းစစ်ဆေးရုံ	shei. dan: zi' zei: joun
blesser (vt)	ဒဏ်ရာရသည်	dan ja ja. de
blessure (f)	ဒဏ်ရာ	dan ja
blessé (m)	ဒဏ်ရာရသူ	dan ja ja. dhu
être blessé	ဒဏ်ရာရစေသည်	dan ja ja. zei de
grave (blessure)	ပြင်းထန်သော	pjin: dan dho:

113. La guerre. Partie 2

Français	Birman	Prononciation
captivité (f)	သုံ့ပန်း	thoun. ban:
captiver (vt)	သုံ့ပန်းအဖြစ်ဖမ်းသည်	thoun. ban: ahpji' hpan: de
être prisonnier	သုံ့ပန်းဖြစ်သွားသည်	thoun. ban: bji' thwa: de
être fait prisonnier	သုံ့ပန်းအဖြစ် အဖမ်းခံရသည်	thoun. ban: ahpji' ahpan: gan ja. de
camp (m) de concentration	ညှင်းပန်းနှိပ်စက်ရာစခန်း	hnjin: ban: nei' ze' ja za. gan:
prisonnier (m) de guerre	စစ်သုံ့ပန်း	si' thoun. ban:
s'enfuir (vp)	လွတ်မြောက်သည်	lu' mjau' te
trahir (vt)	သစ္စာဖောက်သည်	thi' sabau' te
traître (m)	သစ္စာဖောက်သူ	thi' sabau' thu
trahison (f)	သစ္စာဖောက်မှု	thi' sabau' hmu.
fusiller (vt)	ပစ်သတ်ကွပ်မျက်ခံရသည်	pi' tha' ku' mje' khan ja. de
fusillade (f) (exécution)	ပစ်သတ်ကွပ်မျက်ခြင်း	pi' tha' ku' mje' chin:
équipement (m) (uniforme, etc.)	ပစ္စည်းကိရိယာများ	pji' si: gi. ji. ja mja:
épaulette (f)	ပခုံးဘားတန်း	pakhoun: ba: dan:
masque (m) à gaz	ဓာတ်ငွေ့ကာမျက်နှာဖုံး	da' ngwei. ga mje' na boun:
émetteur (m) radio	ရေဒီယိုစက်ကွင်း	rei di jou ze' kwin:
chiffre (m) (code)	လျှို့ဝှက် ကုဒ်ဏ်ကော်တ	shou. hwe' kou' dha
conspiration (f)	လျှို့ဝှက်ခြင်း	shou hwe' chin:

mot (m) de passe	စကားဝှက်	zaga: hwe'
mine (f) terrestre	မြေမြှုပ်မိုင်း	mjei hmja' main:
miner (poser des mines)	မိုင်းထောင်သည်	main: daun de
champ (m) de mines	မိုင်းမြေ	main: mjei
alerte (f) aérienne	လေကြောင်းအန္တရာယ်သတိပေးညှည်သံ	lei kjan: an da. ja dha. di. bei: nja. o. dhan
signal (m) d'alarme	သတိပေးခေါင်းလောင်းသံ	dhadi. pei: gaun: laun: dhan
signal (m)	အချက်ပြ	ache' pja.
fusée signal (f)	အချက်ပြမီးကျည်	ache' pja. mi: gji
état-major (m)	ဌာနချုပ်	hta. na. gjou'
reconnaissance (f)	ထောက်လှမ်းခြင်း	htau' hlan: gjin:
situation (f)	အခြေအနေ	achei anei
rapport (m)	အစီရင်ခံစာ	asi jin gan za
embuscade (f)	ချုံခိုတိုက်ခိုက်ခြင်း	choun gou dai' khai' chin:
renfort (m)	စစ်ကူ	si' ku
cible (f)	ပစ်မှတ်	pi' hma'
polygone (m)	လေ့ကျင့်ရေးကွင်း	lei. kjin. jei: gwin:
manœuvres (f pl)	စစ်ရေးလေ့ကျင့်မှု	si' jei: lei. gjin. hmu.
panique (f)	ထိပ်ထိပ်ပြာပြာဖြစ်ခြင်း	htei' htei' pja bja bji' chin:
dévastation (f)	ကြီးစွာသောအပျက်အစီး	kji: zwa dho apje' asi:
destructions (f pl) (ruines)	အပျက်အစီး	apje' asi:
détruire (vt)	ဖျက်ဆီးသည်	hpje' hsi: de
survivre (vi)	အသက်ရှင်ကျန်ရစ်သည်	athe' shin kjin ja' te
désarmer (vt)	လက်နက်သိမ်းသည်	le' ne' thain de
manier (une arme)	ကိုင်တွယ်သည်	kain dwe de
Garde-à-vous! Fixe!	သတိ	thadi.
Repos!	သက်သာ	the' tha
exploit (m)	စွန့်စားမှု	sun. za: hmu.
serment (m)	ကျမ်းသစ္စာ	kjan: thi' sa
jurer (de faire qch)	ကျမ်းသစ္စာဆိုသည်	kjan: thi' sa hsou de
décoration (f)	တန်ဆာဆင်မှု	tan za zin hmu.
décorer (de la médaille)	ဆုတံဆိပ်ချီးမြှင့်သည်	hsu. dazei' chi: hmjin. de
médaille (f)	ဆုတံဆိပ်	hsu. dazei'
ordre (m) (~ du Mérite)	ဘွဲ့တံဆိပ်	bwe. dan zi'
victoire (f)	အောင်ပွဲ	aun bwe:
défaite (f)	အရှုံး	ashoun:
armistice (m)	စစ်ရပ်ဆိုင်းသော တူညီမှု	si' ja' hsain: dhabo: du nji hmu.
drapeau (m)	စံ	san
gloire (f)	ထင်ပေါ်ကြော်ကြားမှု	htin bo gjo gja: hmu.
défilé (m)	စစ်ရေးပြ	si' jei: bja.
marcher (défiler)	စစ်ရေးပြသည်	si' jei: bja. de

114. Les armes

arme (f)	လက်နက်	le' ne'
armes (f pl) à feu	ီးပွင့်သေနတ်	mi: bwin. dhei na'
armes (f pl) blanches	ဓါးအမျိုးမျိုး	da: mjou: mjou:
arme (f) chimique	ဓာတုလက်နက်	da tu. le' ne'
nucléaire (adj)	နျူကလီးယား	nju ka. li: ja:
arme (f) nucléaire	နျူကလီးယားလက်နက်	nju ka. li: ja: le' ne'
bombe (f)	ဗုံး	boun:
bombe (f) atomique	အက်တမ်ဗုံး	e' tan boun:
pistolet (m)	ပစ္စတို	pji' sa. tou
fusil (m)	ရိုင်ဖယ်	jain be
mitraillette (f)	မောင်းပြန်သေနတ်	maun: bjan dhei na'
mitrailleuse (f)	စက်သေနတ်	se' thei na'
bouche (f)	ပြောင်းဝ	pjaun: wa.
canon (m)	ပြောင်း	pjaun:
calibre (m)	သေနတ်ပြောင်းအချင်း	thei na' pjan: achin:
gâchette (f)	ခလုတ်	khalou'
mire (f)	ချိန်ရွယ်	chein kwe'
magasin (m)	ကျည်ကပ်	kji ke'
crosse (f)	သေနတ်ဒင်	thei na' din
grenade (f) à main	လက်ပစ်ဗုံး	le' pi' boun:
explosif (m)	ပေါက်ကွဲစေသောပစ္စည်း	pau' kwe: zei de. bji' si:
balle (f)	ကျည်ဆံ	kji. zan
cartouche (f)	ကျည်ဆံ	kji. zan
charge (f)	ကျည်ထိုးခြင်း	kji dou: gjin:
munitions (f pl)	ခဲယမ်းမီးကျောက်	khe: jan: mi: kjau'
bombardier (m)	ဗုံးကြဲလေယာဉ်	boun: gje: lei jin
avion (m) de chasse	တိုက်လေယာဉ်	tai' lei jan
hélicoptère (m)	ရဟတ်ယာဉ်	jaha' jan
pièce (f) de D.C.A.	လေယာဉ်ပစ်စက်သေနတ်	lei jan pi' ze' dhei na'
char (m)	တင့်ကား	tin. ga:
canon (m) d'un char	တင့်အမြောက်	tin. amjau'
artillerie (f)	အမြောက်	amjau'
canon (m)	ရေးခေတ်အမြောက်	shei: gi' amjau'
pointer (~ l'arme)	ချိန်ရွယ်သည်	chein jwe de
obus (m)	အမြောက်ဆံ	amjau' hsan
obus (m) de mortier	စိန်ပြောင်းကျည်	sein bjaun: gji
mortier (m)	စိန်ပြောင်း	sein bjaun:
éclat (m) d'obus	ဗုံးစ	boun: za
sous-marin (m)	ရေအောက်နှင့်ဆိုင်သော	jei au' hnin. zain de.
torpille (f)	တော်ပီဒို	to pi dou
missile (m)	ဒုံး	doun:

charger (arme)	ကျည်ထိုးသည်	kji dou: de
tirer (vi)	သေနတ်ပစ်သည်	thei na' pi' te
viser ... (cible)	ချိန်သည်	chein de
baïonnette (f)	လှံစွပ်	hlan zu'
épée (f)	ရာပီယားရှည်	ra pi ja da: shei
sabre (m)	စစ်သုံးဓားရှည်	si' thoun: da shi
lance (f)	လှံ	hlan
arc (m)	လေး	lei:
flèche (f)	မြား	mja:
mousquet (m)	ပြောင်းပြောသေနတ်	pjaun: gjo: dhei na'
arbalète (f)	ဒူးလေး	du: lei:

115. Les hommes préhistoriques

primitif (adj)	ရှေးဦးကာလ	shei: u: ga la.
préhistorique (adj)	သမိုင်းမတိုင်မီကာလ	thamain: ma. dain mi ga la.
ancien (adj)	ရှေးကျသော	shei: gja. de
Âge (m) de pierre	ကျောက်ခေတ်	kjau' khi'
Âge (m) de bronze	ကြေးခေတ်	kjei: gei'
période (f) glaciaire	ရေခဲခေတ်	jei ge: gei'
tribu (f)	မျိုးနွယ်စု	mjou: nwe zu.
cannibale (m)	လူသားစားလူရိုင်း	lu dha: za: lu jain:
chasseur (m)	မုဆိုး	mou' hsou:
chasser (vi, vt)	အမဲလိုက်သည်	ame: lai' de
mammouth (m)	အမွေးရှည်ဆင်ကြီးတစ်မျိုး	ahmwei shei zin kji: ti' mjou:
caverne (f)	ဂူ	gu
feu (m)	မီး	mi:
feu (m) de bois	မီးပုံ	mi: boun
dessin (m) rupestre	နံရံလေးရေးပန်းချီ	nan jan zei: jei: ban: gji
outil (m)	ကိရိယာ	ki. ji. ja
lance (f)	လှံ	hlan
hache (f) en pierre	ကျောက်ပုဆိန်	kjau' pu. hsain
faire la guerre	စစ်ပွဲတွင်ပါဝင်ဆင် နွှဲသည်	si' pwe: dwin ba win zin hnwe: de
domestiquer (vt)	ယဉ်ပါးစေသည်	jin ba: zei de
idole (f)	ရုပ်တု	jou' tu
adorer, vénérer (vt)	ကိုးကွယ်သည်	kou: kwe de
superstition (f)	အယူသီးခြင်း	aju dhi: gjin:
rite (m)	ရိုးရာထုံးတမ်းဓလေ့	jou: ja doun: dan: da lei.
évolution (f)	ဆင့်ကဲဖြစ်စဉ်	hsin. ke: hpja' sin
développement (m)	ဖွံ့ဖြိုးတိုးတက်မှု	hpjun. bjou: dou: de' hmu.
disparition (f)	ပျောက်ကွယ်ခြင်း	pjau' kwe gjin
s'adapter (vp)	နေသားကျရန်ပြင်ဆင်သည်	nei dha: gja. jan bjin zin de
archéologie (f)	ရှေးဟောင်းသုတေသန	shei: haun
archéologue (m)	ရှေးဟောင်းသုတေသ နပညာရှင်	shei: haun thu. dei dha. na. bji nja shin

archéologique (adj)	ရှေးဟောင်းသုတေသန နှိုင်ရာ	shei: haun thu. dei dha. na. zain ja
site (m) d'excavation	တူးဖော်ရာနေရာ	tu: hpo ja nei ja
fouilles (f pl)	တူးဖော်မှုလုပ်ငန်း	tu: hpo hmu. lou' ngan:
trouvaille (f)	တွေ့ရှိချက်	twei. shi. gje'
fragment (m)	အပိုင်းအစ	apain: asa.

116. Le Moyen Âge

peuple (m)	လူမျိုး	lu mjou:
peuples (m pl)	လူမျိုး	lu mjou:
tribu (f)	မျိုးနွယ်စု	mjou: nwe zu.
tribus (f pl)	မျိုးနွယ်စုများ	mjou: nwe zu. mja:
Barbares (m pl)	အရိုင်းအစိုင်းများ	ajou: asain: mja:
Gaulois (m pl)	ဂေါလ်လူမျိုးများ	go l lu mjou: mja:
Goths (m pl)	ဂေါ့တ်လူမျိုးများ	go. t lu mjou: mja:
Slaves (m pl)	စလဗ်လူမျိုးများ	sala' lu mjou: mja:
Vikings (m pl)	ဗိုက်ကင်းလူမျိုး	bai' kin: lu mjou:
Romains (m pl)	ရောမလူမျိုး	ro: ma. lu mjou:
romain (adj)	ရောမနှင့်ဆိုင်သော	ro: ma. hnin. zain de
byzantins (m pl)	ဘိုင်ဇင်တိုင်လူမျိုးများ	bain zin dain lu mjou: mja:
Byzance (f)	ဘိုင်ဇင်တိုင်အင်ပါယာ	bain zin dain in ba ja
byzantin (adj)	ဘိုင်ဇင်တိုင်နှင့်ဆိုင်သော	bain zin dain hnin. zain de.
empereur (m)	ဧကရာဇ်	ei gaja'
chef (m)	ခေါင်းဆောင်	gaun: zaun
puissant (adj)	အင်အားကြီးသော	in a: kji: de.
roi (m)	ဘုရင်	ba. jin
gouverneur (m)	အုပ်ချုပ်သူ	ou' chou' thu
chevalier (m)	ဆာဘွဲ့ရလှုရဲကောင်း	hsa bwe. ja. dhu je gaun:
féodal (m)	မြေရှင်ပဒေသရာဇ်	mjei shin badei dhaja'
féodal (adj)	မြေရှင်ပဒေသရာဇ် စနစ်နှင့်ဆိုင်သော	mjei shin badei dhaja' sani' hnin. zain de.
vassal (m)	မြေကျွန်	mjei gjun
duc (m)	မြို့စားကြီး	mjou. za: gji:
comte (m)	ဗြိတိသျှများ မတ်သူရဲကောင်း	bri ti sha hmu: ma' thu je: gaun:
baron (m)	ဘယ်ရွန် အမတ်	be jwan ama'
évêque (m)	ဘုန်းတော်ကြီး	hpoun do: gji:
armure (f)	ချပ်ဝတ်တန်ဆာ	cha' wu' tan za
bouclier (m)	ဒိုင်း	dain:
glaive (m)	ဓား	da:
visière (f)	စစ်မျက်နှာကာ	si' mje' na ga
cotte (f) de mailles	သံဇကာချပ်ဝတ်တန်ဆာ	than za. ga gja' wu' tan za
croisade (f)	ခရူးဆိတ်ဘာသာရေးစစ်ပွဲ	kha ju: zei' ba dha jei: zi' pwe:
croisé (m)	ခရူးဆိတ်တိုက်ပွဲဝင်သူ	kha ju: zei' dai' bwe: win dhu
territoire (m)	နယ်မြေ	ne mjei

attaquer (~ un pays)	တိုက်ခိုက်သည်	tai' khai' te
conquérir (vt)	သိမ်းပိုက်စိုးမိုးသည်	thain: bou' sou: mou: de
occuper (envahir)	သိမ်းပိုက်သည်	thain:
siège (m)	ဝန်းရံလုပ်ကြံခြင်း	wun: jan lou' chan gjin:
assiégé (adj)	ဝန်းရံလုပ်ကြံခံရသော	wun: jan lou' chan gan ja. de.
assiéger (vt)	ဝန်းရံလုပ်ကြံသည်	wun: jan lou' chan de
inquisition (f)	ကာသိုလိပ်ဘုရားကျောင်းတရားရီရင်အဖွဲ့	ka tho li' bou ja: gjan: ta. ja: zi jin ahpwe.
inquisiteur (m)	စစ်ကြောမေးမြန်းသူ	si' kjo: mei' mjan: dhu
torture (f)	ညှဉ်းပန်းနှိပ်စက်ခြင်း	hnjin: ban: hnei' se' chin:
cruel (adj)	ရက်စက်ကြမ်းကြုတ်သော	je' se' kjan: gjou' te.
hérétique (m)	ဒိဋ္ဌိ	di hti
hérésie (f)	မိစ္ဆာဒိဋ္ဌိ	mei' hsa dei' hti.
navigation (f) en mer	ပင်လယ်ပျော်	pin le bjo
pirate (m)	ပင်လယ်ဓားပြ	pin le da: bja.
piraterie (f)	ပင်လယ်ဓားပြတိုက်ခြင်း	pin le da: bja. tai' chin:
abordage (m)	လှေကွန်းပုတ်ပေါ်တိုက်နိုက်ခြင်း	hlei goun: ba' po dou' hpou' chin:
butin (m)	တိုက်ခိုက်ရရှိသောပစ္စည်း	tai' khai' ja. shi. dho: pji' si:
trésor (m)	ရတနာ	jadana
découverte (f)	စူးစမ်းရှာဖွေခြင်း	su: zan: sha bwei gjin
découvrir (vt)	စူးစမ်းရှာဖွေသည်	su: zan: sha bwei de
expédition (f)	စူးစမ်းလေ့လာရေးခရီး	su: zan: lei. la nei: khaji:
mousquetaire (m)	ပြောင်းပြောသေနတ်ကိုင်စစ်သား	pjaun: gjo: dhei na' kain si' tha:
cardinal (m)	ရှေးျန်းရှစ်ပ်ျာန်ဘုန်းတော်ကြီး	jei bjan: khaji' jan boun: do gji:
héraldique (f)	မျိုးရိုးဘွဲ့တံဆိပ်များလေ့လာခြင်းပညာ	mjou: jou: bwe. dan zai' mja. lei. la gjin: pi nja
héraldique (adj)	မျိုးရိုးပညာလေ့လာခြင်းနှင့်ဆိုင်သော	mjou: pi nja lei. la gjin: hnin. zain de.

117. Les dirigeants. Les responsables. Les autorités

roi (m)	ဘုရင်	ba jin
reine (f)	ဘုရင်မ	ba jin ma.
royal (adj)	ဘုရင်နှင့်ဆိုင်သော	ba. jin hnin. zain de
royaume (m)	ဘုရင်အုပ်ချုပ်သောနိုင်ငံ	ba jin au' chou' dho nin gan
prince (m)	အိမ်ရှေ့မင်းသား	ein shei. min: dha:
princesse (f)	မင်းသမီး	min: dhami:
président (m)	သမ္မတ	thamada.
vice-président (m)	ဒုသမ္မတ	du. dhamada.
sénateur (m)	ဆီနိတ်လွှတ်တော်အမတ်	hsi nei' hlwa' do: ama'
monarque (m)	သက်ဦးဆံပိုင်	the'
gouverneur (m)	အုပ်ချုပ်သူ	ou' chou' thu
dictateur (m)	အာဏာရှင်	a na shin

tyran (m)	ဖိနှိပ်ချုပ်ချယ်သူ	hpana' chou' che dhu
magnat (m)	လုပ်ငန်းရှင်သူဌေးကြီး	lou' ngan: shin dhu dei: gji:
directeur (m)	ညွှန်ကြားရေးမှူး	hnjun gja: jei: hmu:
chef (m)	အကြီးအကဲ	akji: ake:
gérant (m)	မန်နေဂျာ	man nei gji
boss (m)	အကြီးအကဲ	akji: ake:
patron (m)	ပိုင်ရှင်	pain shin
leader (m)	ခေါင်းဆောင်	gaun: zaun
chef (m) (~ d'une délégation)	အဖွဲ့ခေါင်းဆောင်	ahpwe. gaun: zaun:
autorités (f pl)	အာဏာပိုင်အဖွဲ့	a na bain ahpwe.
supérieurs (m pl)	အထက်လူကြီးများ	a hte' lu gji: mja:
gouverneur (m)	ပြည်နယ်အုပ်ချုပ်ရေးမှူး	pji ne ou' chou' jei: hmu:
consul (m)	ကောင်စစ်ဝန်	kaun si' wun
diplomate (m)	သံတမန်	than taman.
maire (m)	မြို့တော်ဝန်	mjou. do wun
shérif (m)	နယ်မြေတာဝန်ခံရဲအရာရှိ	ne mjei da wun gan je: aja shi.
empereur (m)	ဧကရာဇ်	ei gaja'
tsar (m)	ဇာဘုရင်	za bou jin
pharaon (m)	ရှေးအီဂျစ်နိုင်ငံဘုရင်	shei: i gji' nain ngan bu. jin
khan (m)	ခန်	khan

118. Les crimes. Les criminels. Partie 1

bandit (m)	ဓားပြ	damja.
crime (m)	ရာဇဝတ်မှု	raza. wu' hma.
criminel (m)	ရာဇဝတ်သား	raza. wu' tha:
voleur (m)	သူခိုး	thu khou:
voler (qch à qn)	ခိုးသည်	khou: de
vol (m) (activité)	ခိုးခြင်း	khou: chin:
vol (m) (~ à la tire)	သူခိုး	thu khou:
kidnapper (vt)	ပြန်ပေးဆွဲသည်	pjan bei: zwe: de
kidnapping (m)	ပြန်ပေးဆွဲခြင်း	pjan bei: zwe: gjin:
kidnappeur (m)	ပြန်ပေးသမား	pjan bei: dhama:
rançon (f)	ပြန်ရွေးငွေ	pjan jwei: ngwei
exiger une rançon	ပြန်ပေးဆွဲသည်	pjan bei: zwe: de
cambrioler (vt)	ဓားပြတိုက်သည်	damja. tai' te
cambriolage (m)	လုယက်မှု	lu. je' hmu.
cambrioleur (m)	လုယက်သူ	lu. je' dhu
extorquer (vt)	ခြိမ်းခြောက်ပြီးငွေညှစ်သည်	chein: gjau' pji: ngwe hnji' te
extorqueur (m)	ခြိမ်းခြောက်ငွေညှစ်သူ	chein: gjau' ngwe hnji' thu
extorsion (f)	ခြိမ်းခြောက်ပြီးငွေညှစ်ခြင်း	chein: gjau' pji: ngwe hnji' chin:
tuer (vt)	သတ်သည်	tha' te
meurtre (m)	လူသတ်မှု	lu dha' hmu.

meurtrier (m)	လူသတ်သမား	lu dha' thama:
coup (m) de feu	ပစ်ချက်	pi' che'
tirer un coup de feu	ပစ်သည်	pi' te
abattre (par balle)	ပစ်သတ်သည်	pi' tha' te
tirer (vi)	ပစ်သည်	pi' te
coups (m pl) de feu	ပစ်ချက်	pi' che'
incident (m)	ဆူပူမှု	hsu. bu hmu.
bagarre (f)	ရန်ပွဲ	jan bwe:
Au secours!	ကူညီပါ	ku nji ba
victime (f)	ရန်ပြုခံရသူ	jab bju. gan ja. dhu
endommager (vt)	ဖျက်ဆီးသည်	hpje' hsi: de
dommage (m)	အပျက်အစီး	apje' asi:
cadavre (m)	အလောင်း	alaun:
grave (~ crime)	စိုးရိမ်ဖွယ်ဖြစ်သော	sou: jein bwe bji' te.
attaquer (vt)	တိုက်ခိုက်သည်	tai' khai' te
battre (frapper)	ရိုက်သည်	jai' te
passer à tabac	ရိုက်သည်	jai' te
prendre (voler)	လုသည်	ju de
poignarder (vt)	ထိုးသတ်သည်	htou: dha' te
mutiler (vt)	သေရာပါဒဏ်ရာရစေသည်	thei ja ba dan ja ja. zei de
blesser (vt)	ဒဏ်ရာရသည်	dan ja ja. de
chantage (m)	ခြိမ်းခြောက်ငွေညှစ်ခြင်း	chein: gjau' ngwe hnji' chin:
faire chanter	ခြိမ်းခြောက်ငွေညှစ်သည်	chein: gjau' ngwe hnji' te
maître (m) chanteur	ခြိမ်းခြောက်ငွေညှစ်သူ	chein: gjau' ngwe hnji' thu
racket (m) de protection	ရာဇဝတ်ဂိုဏ်းဆွတ် ကြေးကောက်ခံခြင်း	raza. wu' goun: hse' kjei: gau' chin:
racketteur (m)	ဆက်ကြေးတောင်း-ရာ ဇဝတ်ဂိုဏ်း	hse' kjei: daun: ra za. wu' gain:
gangster (m)	လူဆိုးဂိုဏ်းဝင်	lu zou: gain: win
mafia (f)	မာဖီးယားဂိုဏ်း	ma bi: ja: gain:
pickpocket (m)	ခါးပိုက်နှိုက်	kha: bai' hnai'
cambrioleur (m)	ဖောက်ထွင်းသူခိုး	hpau' htwin: dhu gou:
contrebande (f) (trafic)	မှောင်ခို	hmaun gou
contrebandier (m)	မှောင်ခိုသမား	hmaun gou dhama:
contrefaçon (f)	လိမ်လည်အတုပြုမှု	lein le atu. bju hmu.
falsifier (vt)	အတုလုပ်သည်	atu. lou' te
faux (falsifié)	အတု	atu.

119. Les crimes. Les criminels. Partie 2

viol (m)	မုဒိမ်းမှု	mu. dein: hmu.
violer (vt)	မုဒိမ်းကျင့်သည်	mu. dein: gjin. de
violeur (m)	မုဒိမ်းကျင့်သူ	mu. dein: gjin. dhu
maniaque (m)	အရူး	aju:
prostituée (f)	ပြည့်တန်ဆာ	pjei. dan za
prostitution (f)	ပြည့်တန်ဆာမှု	pjei. dan za hmu.

Français	Birman	Prononciation
souteneur (m)	ဖာခေါင်း	hpa gaun:
drogué (m)	ဆေးစွဲသူ	hsei: zwe: dhu
trafiquant (m) de drogue	မူးယစ်ဆေးရောင်းဝယ်သူ	mu: ji' hsei: jaun we dhu
faire exploser	ပေါက်ကွဲသည်	pau' kwe: de
explosion (f)	ပေါက်ကွဲမှု	pau' kwe: hmu.
mettre feu	မီးရှို့သည်	mi: shou. de
incendiaire (m)	မီးရှို့မှုကျူးလွန်သူ	mi: shou. hmu. gju: lun dhu
terrorisme (m)	အကြမ်းဖက်ဝါဒ	akjan: be' wa da.
terroriste (m)	အကြမ်းဖက်သမား	akjan: be' tha. ma:
otage (m)	ဓားစာခံ	daza gan
escroquer (vt)	လိမ်လည်သည်	lein le de
escroquerie (f)	လိမ်လည်မှု	lein le hmu.
escroc (m)	လူလိမ်	lu lein
soudoyer (vt)	လာဘ်ထိုးသည်	la' htou: de
corruption (f)	လာဘ်ပေးလာဘ်ယူ	la' pei: la' thu
pot-de-vin (m)	လာဘ်	la'
poison (m)	အဆိပ်	ahsei'
empoisonner (vt)	အဆိပ်ခတ်သည်	ahsei' kha' te
s'empoisonner (vp)	အဆိပ်သောက်သည်	ahsei' dhau' te
suicide (m)	မိမိကိုယ်မိမိ သတ်သေခြင်း	mi. mi. kou mi. mi. dha' thei gjin:
suicidé (m)	မိမိကိုယ်မိမိ သတ်သေသူ	mi. mi. kou mi. mi. dha' thei dhu
menacer (vt)	ခြိမ်းခြောက်သည်	chein: gjau' te
menace (f)	ခြိမ်းခြောက်မှု	chein: gjau' hmu.
attenter (vt)	လုပ်ကြံသည်	lou' kjan de
attentat (m)	လုပ်ကြံခြင်း	lou' kjan gjin:
voler (un auto)	ခိုးသည်	khou: de
détourner (un avion)	လေယာဉ်အပိုင်စီးသည်	lei jan apain zi: de
vengeance (f)	လက်စားချေခြင်း	le' sa: gjei gjin:
se venger (vp)	လက်စားချေသည်	le' sa: gjei de
torturer (vt)	ညှဉ်းပန်းနှိပ်စက်သည်	hnjin: ban: hnei' se' te
torture (f)	ညှဉ်းပန်းနှိပ်စက်ခြင်း	hnjin: ban: hnei' se' chin:
tourmenter (vt)	နှိပ်စက်သည်	hnei' se' te
pirate (m)	ပင်လယ်ဓားပြ	pin le da: bja.
voyou (m)	လမ်းသရဲ	lan: dhaje:
armé (adj)	လက်နက်ကိုင်ဆောင်သော	le' ne' kain zaun de.
violence (f)	ရက်စက်ကြမ်းကြုတ်မှု	je' se' kjan: gjou' hmu.
illégal (adj)	တရားမဝင်သော	taja: ma. win de.
espionnage (m)	သူလျှိုလုပ်ခြင်း	thu shou lou' chin:
espionner (vt)	သူလျှိုလုပ်သည်	thu shou lou' te

120. La police. La justice. Partie 1

justice (f)	တရားမျှတမှု	taja: hmja. ta. hmu.
tribunal (m)	တရားရုံး	taja: joun:
juge (m)	တရားသူကြီး	taja: dhu gji:
jury (m)	ဂျူရီအဖွဲ့ဝင်များ	gju ji ahpwe. win mja:
cour (f) d'assises	ဂျူရီလူကြီးအဖွဲ့	gju ji lu gji: ahpwe.
juger (vt)	တရားစီရင်သည်	taja: zi jin de
avocat (m)	ရှေ့နေ	shei. nei
accusé (m)	တရားပြိုင်	taja: bjain
banc (m) des accusés	တရားရုံးဝက်ရှို	taja: joun: we' khjan
inculpation (f)	စွပ်စွဲခြင်း	su' swe: chin:
inculpé (m)	တရားစွဲခံရသော	taja: zwe: gan ja. de.
condamnation (f)	စီရင်ချက်	si jin gje'
condamner (vt)	စီရင်ချက်ချသည်	si jin gje' cha. de
coupable (m)	တရားခံ	tajakhan
punir (vt)	ပြစ်ဒဏ်ပေးသည်	pji' dan bei: de
punition (f)	ပြစ်ဒဏ်	pji' dan
amende (f)	ဒဏ်ငွေ	dan ngwei
détention (f) à vie	တစ်သက်တစ်ကျွန်းပြစ်ဒဏ်	ti' te' ti' kjun: bji' dan
peine (f) de mort	သေဒဏ်	thei dan
chaise (f) électrique	လျှပ်စစ်ထိုင်နံ	hlja' si' dain boun
potence (f)	ကြိုးစင်	kjou: zin
exécuter (vt)	ကွပ်မျက်သည်	ku' mje' te
exécution (f)	ကွပ်မျက်ခြင်း	ku' mje' gjin
prison (f)	ထောင်	htaun
cellule (f)	အကျဉ်းခန်း	achou' khan:
escorte (f)	အစောင့်အကြပ်	asaun. akja'
gardien (m) de prison	ထောင်စောင့်	htaun zaun.
prisonnier (m)	ထောင်သား	htaun dha:
menottes (f pl)	လက်ထိပ်	le' htei'
mettre les menottes	လက်ထိပ်ခတ်သည်	le' htei' kha' te
évasion (f)	ထောင်ဖောက်ပြေးခြင်း	htaun bau' pjei: gjin:
s'évader (vp)	ထောင်ဖောက်ပြေးသည်	htaun bau' pjei: de
disparaître (vi)	ပျောက်ကွယ်သည်	pjau' kwe de
libérer (vt)	ထောင်မှလွတ်သည်	htaun hma. lu' te
amnistie (f)	လွတ်ငြိမ်းချမ်းသာခွင့်	lu' njein: gjan: dha gwin.
police (f)	ရဲ	je:
policier (m)	ရဲအရာရှိ	je: aja shi.
commissariat (m) de police	ရဲစခန်း	je: za. gan:
matraque (f)	သံတုတ်	than dou'
haut parleur (m)	လက်ကိုင်စပီကာ	le' kain za. bi ka
voiture (f) de patrouille	ကင်းလှည့်ကား	kin: hle. ka:

sirène (f)	အချက်ပေးညှံသံ	ache' pei: ou' o: dhan
enclencher la sirène	အချက်ပေးညှံလွှသည်	ache' pei: ou' o: zwe: de
hurlement (m) de la sirène	အချက်ပေးညှံလွှသံ	ache' pei: ou' o: zwe: dhan
lieu (m) du crime	အခင်းဖြစ်ပွားရာနေရာ	achin: hpji' pwa: ja nei ja
témoin (m)	သက်သေ	the' thei
liberté (f)	လွတ်လပ်မှု	lu' la' hmu.
complice (m)	ကြံရာပါ	kjan ja ba
s'enfuir (vp)	ပုန်းသည်	poun: de
trace (f)	ခြေရာ	chei ja

121. La police. La justice. Partie 2

recherche (f)	ဝရမ်းရှာဖွေခြင်း	wajan: sha bwei gjin:
rechercher (vt)	ရှာသည်	sha de
suspicion (f)	မသင်္ကာမှု	ma. dhin ga hmu.
suspect (adj)	သံသယဖြစ်ဖွယ်ကောင်းသော	than thaja. bji' hpwe gaun: de.
arrêter (dans la rue)	ရပ်သည်	ja' te
détenir (vt)	ထိန်းသိမ်းထားသည်	htein: dhein: da: de
affaire (f) (~ pénale)	အမှု	ahmu.
enquête (f)	စုံစမ်းစစ်ဆေးခြင်း	soun zan: zi' hsei: gjin:
détective (m)	စုံထောက်	soun dau'
enquêteur (m)	အလုပ်စုံထောက်	alu' zoun htau'
hypothèse (f)	အဆိုကြမ်း	ahsou gjan:
motif (m)	စေ့ဆော်မှု	sei. zo hmu.
interrogatoire (m)	စစ်ကြောမှု	si' kjo: hmu.
interroger (vt)	စစ်ကြောသည်	si' kjo: de
interroger (~ les voisins)	မေးမြန်းသည်	mei: mjan: de
inspection (f)	စစ်ဆေးသည်	si' hsei: de
rafle (f)	ဝိုင်းဝန်းမှု	wain: wan: hmu.
perquisition (f)	ရှာဖွေခြင်း	sha hpwei gjin:
poursuite (f)	လိုက်လံဖမ်းဆီးခြင်း	lai' lan ban: zi: gjin:
poursuivre (vt)	လိုက်သည်	lai' de
dépister (vt)	ခြေရာခံသည်	chei ja gan de
arrestation (f)	ဖမ်းဆီးခြင်း	hpan: zi: gjin:
arrêter (vt)	ဖမ်းဆီးသည်	hpan: zi: de
attraper (~ un criminel)	ဖမ်းမိသည်	hpan: mi. de
capture (f)	သိမ်းခြင်း	thain: gjin:
document (m)	စာရွက်စာတမ်း	sajwe' zatan:
preuve (f)	သက်သေပြချက်	the' thei pja. gje'
prouver (vt)	သက်သေပြသည်	the' thei pja. de
empreinte (f) de pied	ခြေရာ	chei ja
empreintes (f pl) digitales	လက်ဖွေရာများ	lei' bwei ja mja:
élément (m) de preuve	သဲလွန်စ	the: lun za.
alibi (m)	ဆင်ခြေ	hsin gjei
innocent (non coupable)	အပြစ်ကင်းသော	apja' kin: de.
injustice (f)	မတရားမှု	ma. daja: hmu.

injuste (adj)	မတရားသော	ma. daja: de.
criminel (adj)	ပြုမှုကျူးလွန်သော	pju. hmu. gju: lun de.
confisquer (vt)	သိမ်းယူသည်	thein: ju de
drogue (f)	မူးယစ်ဆေးဝါး	mu: ji' hsei: wa:
arme (f)	လက်နက်	le' ne'
désarmer (vt)	လက်နက်သိမ်းသည်	le' ne' thain de
ordonner (vt)	အမိန့်ပေးသည်	amin. bei: de
disparaître (vi)	ပျောက်ကွယ်သည်	pjau' kwe de
loi (f)	ဥပဒေ	u. ba. dei
légal (adj)	ဥပဒေနှင့် ညီညွတ်သော	u. ba. dei hnin. nji nju' te.
illégal (adj)	ဥပဒေနှင့်မညီညွတ်သော	u. ba. dei hnin. ma. nji nju' te.
responsabilité (f)	တာဝန်ယူခြင်း	ta wun ju gjin:
responsable (adj)	တာဝန်ရှိသော	ta wun shi. de.

LA NATURE

La Terre. Partie 1

122. L'espace cosmique

cosmos (m)	အာကာသ	akatha.
cosmique (adj)	အာကာသနှင့်ဆိုင်သော	akatha. hnin zain dho:
espace (m) cosmique	အာကာသဟင်းလင်းပြင်	akatha. hin: lin: bjin
monde (m)	ကမ္ဘာ	ga ba
univers (m)	စကြဝဠာ	sa kja wa. la
galaxie (f)	ကြယ်စုတန်း	kje zu. dan:
étoile (f)	ကြယ်	kje
constellation (f)	ကြယ်နက္ခတ်စု	kje ne' kha' zu.
planète (f)	ဂြိုဟ်	gjou
satellite (m)	ဂြိုဟ်ငယ်	gjou nge
météorite (m)	ဥက္ကာခဲ	ou' ka ge:
comète (f)	ကြယ်တံခွန်	kje dagun
astéroïde (m)	ဂြိုဟ်သိမ်ဂြိုဟ်မွှား	gjou dhein gjou hmwa:
orbite (f)	ပတ်လမ်း	pa' lan:
tourner (vi)	လည်သည်	le de
atmosphère (f)	လေထု	lei du.
Soleil (m)	နေ	nei
système (m) solaire	နေစကြဝဠာ	nei ze kja. wala
éclipse (f) de soleil	နေကြတ်ခြင်း	nei gja' chin:
Terre (f)	ကမ္ဘာလုံး	ga ba loun:
Lune (f)	လ	la.
Mars (m)	အင်္ဂါဂြိုဟ်	in ga gjou
Vénus (f)	သောကြာဂြိုဟ်	thau' kja gjou'
Jupiter (m)	ကြာသပတေးဂြိုဟ်	kja dha ba. dei: gjou'
Saturne (m)	စနေဂြိုဟ်	sanei gjou'
Mercure (m)	ဗုဒ္ဓဟူးဂြိုဟ်	bou' da. gjou'
Uranus (m)	ယူရေးနတ်ဂြိုဟ်	ju rei: na' gjou
Neptune	နက်ပကျွန်းဂြိုဟ်	ne' pa. gjun: gjou
Pluton (m)	ပလူတိုဂြိုဟ်	pa lu tou gjou '
la Voie Lactée	နဂါးငွေ့ကြယ်စုတန်း	na. ga: ngwe. gje zu dan:
la Grande Ours	မြောက်ပိုင်းဂရိတ်ဘဲရ်ကြယ်စု	mjau' pain: gajei' be:j gje zu.
la Polaire	ရွဝ်ကြယ်	du wan gje
martien (m)	အင်္ဂါဂြိုဟ်သား	in ga gjou dha:
extraterrestre (m)	အခြားကမ္ဘာဂြိုဟ်သား	apja: ga ba gjou dha

alien (m)	ဂြိုဟ်သား	gjou dha:
soucoupe (f) volante	ပန်းကန်ပြားပျံ	bagan: bja: bjan
vaisseau (m) spatial	အာကာသယာဉ်	akatha. jin
station (f) orbitale	အာကာသစခန်း	akatha. za khan:
lancement (m)	လွှတ်တင်ခြင်း	hlu' tin gjin:
moteur (m)	အင်ဂျင်	in gjin
tuyère (f)	နော်ဇယ်	no ze
carburant (m)	လောင်စာ	laun za
cabine (f)	လေယာဉ်မောင်းအခန်း	lei jan maun akhan:
antenne (f)	အင်တန်နာတိုင်	in tan na tain
hublot (m)	ပြတင်း	badin:
batterie (f) solaire	နေရောင်ခြည်သုံးဘတ်ထရီ	nei jaun gje dhoun: ba' hta ji
scaphandre (m)	အာကာသဝတ်စုံ	akatha. wu' soun
apesanteur (f)	အလေးချိန်ကင်းမဲ့ခြင်း	alei: gjein gin: me. gjin:
oxygène (m)	အောက်ဆီဂျင်	au' hsi gjin
arrimage (m)	အာကာသထဲချိတ်ဆက်ခြင်း	akatha. hte: chei' hse' chin:
s'arrimer à ...	အာကာသထဲချိတ်ဆက်သည်	akatha. hte: chei' hse' te
observatoire (m)	နက္ခတ်မျှော်စင်	ne' kha' ta. mjo zin
télescope (m)	အဝေးကြည့်မှန်ပြောင်း	awei: gji. hman bjaun:
observer (vt)	လေ့လာကြည့်ရှုသည်	lei. la kji. hju. de
explorer (un cosmos)	သုတေသနပြုသည်	thu. tei thana bjou de

123. La Terre

Terre (f)	ကမ္ဘာမြေကြီး	ga ba mjei kji:
globe (m) terrestre	ကမ္ဘာလုံး	ga ba loun:
planète (f)	ဂြိုဟ်	gjou
atmosphère (f)	လေထု	lei du.
géographie (f)	ပထဝီဝင်	pahtawi win
nature (f)	သဘာဝ	tha. bawa
globe (m) de table	ကမ္ဘာလုံး	ga ba loun:
carte (f)	မြေပုံ	mjei boun
atlas (m)	မြေပုံစာအုပ်	mjei boun za ou'
Europe (f)	ဥရောပ	u. jo: pa
Asie (f)	အာရှ	a sha.
Afrique (f)	အာဖရိက	apha. ri. ka.
Australie (f)	သြစတြေးလျ	thja za djei: lja
Amérique (f)	အမေရိက	amei ji ka
Amérique (f) du Nord	မြောက်အမေရိက	mjau' amei ri. ka.
Amérique (f) du Sud	တောင်အမေရိက	taun amei ri. ka.
l'Antarctique (m)	အန္တာတိတ်	anta di'
l'Arctique (m)	အာတိတ်	a tei'

124. Les quatre parties du monde

nord (m)	မြောက်အရပ်	mjau' aja'
vers le nord	မြောက်ဘက်သို့	mjau' be' thou.
au nord	မြောက်ဘက်မှာ	mjau' be' hma
du nord (adj)	မြောက်အရပ်နှင့်ဆိုင်သော	mjau' aja' hnin. zain de.
sud (m)	တောင်အရပ်	taun aja'
vers le sud	တောင်ဘက်သို့	taun be' thou.
au sud	တောင်ဘက်မှာ	taun be' hma
du sud (adj)	တောင်အရပ်နှင့်ဆိုင်သော	taun aja' hnin. zain de.
ouest (m)	အနောက်အရပ်	anau' aja'
vers l'occident	အနောက်ဘက်သို့	anau' be' thou.
à l'occident	အနောက်ဘက်မှာ	anau' be' hma
occidental (adj)	အနောက်အရပ်နှင့်ဆိုင်သော	anau' aja' hnin. zain dho:
est (m)	အရှေ့အရပ်	ashei. aja'
vers l'orient	အရှေ့ဘက်သို့	ashei. be' hma
à l'orient	အရှေ့ဘက်မှာ	ashei. be' hma
oriental (adj)	အရှေ့အရပ်နှင့်ဆိုင်သော	ashei. aja' hnin. zain de.

125. Les océans et les mers

mer (f)	ပင်လယ်	pin le
océan (m)	သမုဒ္ဒရာ	thamou' daja
golfe (m)	ပင်လယ်ကွေ့	pin le gwe.
détroit (m)	ရေလက်ကြား	jei le' kja:
terre (f) ferme	ကုန်းမြေ	koun: mei
continent (m)	တိုက်	tai'
île (f)	ကျွန်း	kjun:
presqu'île (f)	ကျွန်းဆွယ်	kjun: zwe
archipel (m)	ကျွန်းစု	kjun: zu.
baie (f)	အော်	o
port (m)	သင်္ဘောဆိပ်ကမ်း	thin: bo: zei' kan:
lagune (f)	ပင်လယ်ထုံးအိုင်	pin le doun: ain
cap (m)	အငူ	angu
atoll (m)	သန္တာကျောက်တန်းကျွန်းလယ်	than da gjau' tan: gjun: nge
récif (m)	ကျောက်တန်း	kjau' tan:
corail (m)	သန္တာကောင်	than da gaun
récif (m) de corail	သန္တာကျောက်တန်း	than da gjau' tan:
profond (adj)	နက်သော	ne' te.
profondeur (f)	အနက်	ane'
abîme (m)	ချောက်နက်ကြီး	chau' ne' kji:
fosse (f) océanique	မြောင်း	mjaun:
courant (m)	စီးကြောင်း	si: gaun:
baigner (vt) (mer)	ဝိုင်းသည်	wain: de

littoral (m)	ကမ်းစပ်	kan: za'
côte (f)	ကမ်းခြေ	kan: gjei
marée (f) haute	ရေတက်	jei de'
marée (f) basse	ရေကျ	jei gja.
banc (m) de sable	သောင်စွယ်	thaun zwe
fond (m)	ကြမ်းပြင်	kan: pjin
vague (f)	လှိုင်း	hlain:
crête (f) de la vague	လှိုင်းခေါင်းဖြူ	hlain: gaun: bju.
mousse (f)	အမြှုပ်	a hmjou'
tempête (f) en mer	မုန်တိုင်း	moun dain:
ouragan (m)	ဟာရီကိန်းမုန်တိုင်း	ha ji gain: moun dain:
tsunami (m)	ဆူနာမီ	hsu na mi
calme (m)	ရေအေး	jei dhei
calme (tranquille)	ငြိမ်သက်အေးဆေးသော	njein dhe' ei: zei: de.
pôle (m)	ဝင်ရိုးစွန်း	win jou: zun
polaire (adj)	ဝင်ရိုးစွန်းနှင့်ဆိုင်သော	win jou: zun hnin. zain de.
latitude (f)	လတ္တီတွဒ်	la' ti. tu'
longitude (f)	လောင်ဂျီတွဒ်	laun gji twa'
parallèle (f)	လတ္တီတွဒ်မျဉ်း	la' ti. tu' mjin:
équateur (m)	အီကွေတာ	i kwei: da
ciel (m)	ကောင်းကင်	kaun: gin
horizon (m)	မိုးကုပ်စက်ဝိုင်း	mou kou' se' wain:
air (m)	လေထု	lei du.
phare (m)	မီးပြတိုက်	mi: bja dai'
plonger (vi)	ရေငုပ်သည်	jei ngou' te
sombrer (vi)	ရေမြုပ်သည်	jei mjou' te
trésor (m)	ရတနာ	jadana

126. Les noms des mers et des océans

océan (m) Atlantique	အတ္တလန္တိတ် သမုဒ္ဒရာ	a' ta. lan ti' thamou' daja
océan (m) Indien	အိန္ဒိယ သမုဒ္ဒရာ	indi. ja thamou. daja
océan (m) Pacifique	ပစိဖိတ် သမုဒ္ဒရာ	pa. si. hpi' thamou' daja
océan (m) Glacial	အာတိတ် သမုဒ္ဒရာ	a tei' thamou' daja
mer (f) Noire	ပင်လယ်နက်	pin le ne'
mer (f) Rouge	ပင်လယ်နီ	pin le ni
mer (f) Jaune	ပင်လယ်ဝါ	pin le wa
mer (f) Blanche	ပင်လယ်ဖြူ	pin le bju
mer (f) Caspienne	ကက်စပီယန် ပင်လယ်	ke' za. pi jan pin le
mer (f) Morte	ပင်လယ်သေ	pin le dhe:
mer (f) Méditerranée	မြေထဲပင်လယ်	mjei hte: bin le
mer (f) Égée	အေဂီယန်းပင်လယ်	ei gi jan: bin le
mer (f) Adriatique	အဒရီရာတစ်ပင်လယ်	a da yi ya ti' pin le
mer (f) Arabique	အာရေဗီးယန်း ပင်လယ်	a ra bi: an: bin le

mer (f) du Japon	ဂျပန် ပင်လယ်	gja pan pin le
mer (f) de Béring	ဘယ်ရင်း ပင်လယ်	be jin: bin le
mer (f) de Chine Méridionale	တောင်တရုတ်ပင်လယ်	taun dajou' pinle
mer (f) de Corail	ကော်ရယ်လ်ပင်လယ်	ko je l pin le
mer (f) de Tasman	တက်စမန်းပင်လယ်	te' sa. man: bin le
mer (f) Caraïbe	ကာရေးဘီးယန်းပင်လယ်	ka rei: bi: jan: bin le
mer (f) de Barents	ဘာရန့်စ် ပင်လယ်	ba jan's bin le
mer (f) de Kara	ကာရာ ပင်လယ်	kara bin le
mer (f) du Nord	မြောက်ပင်လယ်	mjau' pin le
mer (f) Baltique	ဘော်လ်တစ်ပင်လယ်	bo' l ti' pin le
mer (f) de Norvège	နော်ဝေးရှီယန်း ပင်လယ်	no wei: bin le

127. Les montagnes

montagne (f)	တောင်	taun
chaîne (f) de montagnes	တောင်တန်း	taun dan:
crête (f)	တောင်ကြော	taun gjo:
sommet (m)	ထိပ်	htei'
pic (m)	တောင်ထွတ်	taun htu'
pied (m)	တောင်ခြေ	taun gjei
pente (f)	တောင်စောင်း	taun zaun:
volcan (m)	မီးတောင်	mi: daun
volcan (m) actif	မီးတောင်ရှင်	mi: daun shin
volcan (m) éteint	မီးငြိမ်းတောင်	mi: njein: daun
éruption (f)	မီးတောင်ပေါက်ကွဲခြင်း	mi: daun pau' kwe: gjin:
cratère (m)	မီးတောင်ဝ	mi: daun wa.
magma (m)	ကျောက်ရည်ပူ	kjau' ji bu
lave (f)	ချော်ရည်	cho ji
en fusion (lave ~)	အရည်းပူသော	ajam: bu de.
canyon (m)	တောင်ကြားချိုင့်ဝှမ်းနက်	taun gja: gjain. hwan: ne'
défilé (m) (gorge)	တောင်ကြား	taun gja:
crevasse (f)	အက်ကွဲကြောင်း	e' kwe: gjaun:
précipice (m)	ချောက်ကမ်းပါး	chau' kan: ba:
col (m) de montagne	တောင်ကြားလမ်း	taun gja: lan:
plateau (m)	ကုန်းပြင်မြင့်	koun: bjin mjin:
rocher (m)	ကျောက်ဆောင်	kjau' hsain
colline (f)	တောင်ကုန်း	taun goun:
glacier (m)	ရေခဲမြစ်	jei ge: mji'
chute (f) d'eau	ရေတံခွန်	jei dan khun
geyser (m)	ရေပူစမ်း	jei bu zan:
lac (m)	ရေကန်	jei gan
plaine (f)	မြေပြန့်	mjei bjan:
paysage (m)	ရှုခင်း	shu. gin:
écho (m)	ပဲ့တင်သံ	pe. din than

alpiniste (m)	တောင်တက်သမား	taun de' thama:
varappeur (m)	ကျောက်တောင်တက်သမား	kjau' taun de dha ma:
conquérir (vt)	အောင်နိုင်သူ	aun nain dhu
ascension (f)	တောင်တက်ခြင်း	taun de' chin:

128. Les noms des chaînes de montagne

Alpes (f pl)	အဲလ်ပ်တောင်	e.lp daun
Mont Blanc (m)	မောင့်ဘလန့်စ်တောင်	maun. ba. lan. s taun
Pyrénées (f pl)	ပိရန်းနီးစ်တောင်	pi jan: ni:s taun
Carpates (f pl)	ကာပဒ္ဓိယန်စ်တောင်	ka pa. dhi jan s taun
Monts Oural (m pl)	ယူရယ်တောင်တန်း	ju re daun dan:
Caucase (m)	ကော့ကေးဇီ့တောင်တန်း	ko: kei: zi' taun dan:
Elbrous (m)	အယ်ဘရပ်စ်တောင်	e ba. ja's daun
Altaï (m)	အယ်လတိုင်တောင်	e la. tain daun
Tian Chan (m)	တိုင်ယန်ရှန်းတောင်	tain jan shin: daun
Pamir (m)	ပါမီယာတောင်တန်း	pa mi ja daun dan:
Himalaya (m)	ဟိမဝန္တာတောင်တန်း	hi. ma. wan da daun dan:
Everest (m)	ဝေရတ်တောင်	ei wa. ja' taun
Andes (f pl)	အန်းဒီတောင်တန်း	an: di daun dan:
Kilimandjaro (m)	ကိလီမန်ဂျာဂိုတောင်	ki li man gja gou daun

129. Les fleuves

rivière (f), fleuve (m)	မြစ်	mji'
source (f)	စမ်း	san:
lit (m) (d'une rivière)	ရေကြောင်းကြောင်း	jei gjo: zi: gjaun
bassin (m)	မြစ်ချိုင့်ဝှမ်း	mji' chain. hwan
se jeter dans …	စီးဝင်သည်	si: win de
affluent (m)	မြစ်လက်တက်	mji' le' te'
rive (f)	ကမ်း	kan:
courant (m)	စီးကြောင်း	si: gaun:
en aval	ရေဇုန်	jei zoun
en amont	ရေဆန်	jei zan
inondation (f)	ရေကြီးမှု	jei gji: hmu.
les grandes crues	ရေလျှံခြင်း	jei shan gjin:
déborder (vt)	လျှံသည်	shan de
inonder (vt)	ရေလွှမ်းသည်	jei hlwan: de
bas-fond (m)	ရေတိမ်ပိုင်း	jei dein bain:
rapide (m)	ရေအောက်ကျောက်ဆောင်	jei au' kjau' hsaun
barrage (m)	ဆည်	hse
canal (m)	တူးမြောင်း	tu: mjaun:
lac (m) de barrage	ရေလှောင်ကန်	jei hlaun gan
écluse (f)	ရေလွှဲပေါက်	jei hlwe: bau'

plan (m) d'eau	ရေကူ	jei du.
marais (m)	ရွှံ့ညွှန်	shwan njun
fondrière (f)	ပိုမြေ	sein. mjei
tourbillon (m)	ရေဝဲ	jei we:
ruisseau (m)	ချောင်းကလေး	chaun: galei:
potable (adj)	သောက်ရေ	thau' jei
douce (l'eau ~)	ရေချို	jei gjou
glace (f)	ရေခဲ	jei ge:
être gelé	ရေခဲသည်	jei ge: de

130. Les noms des fleuves

Seine (f)	ပိန်းမြစ်	sein mji'
Loire (f)	လောရမြစ်	lo ji mji'
Tamise (f)	သိမ်းမြစ်	thain: mji'
Rhin (m)	ရိန်းမြစ်	rain: mji'
Danube (m)	ဒိနယုမြစ်	din na. ju mji'
Volga (f)	ဗော်လဂါမြစ်	bo la. ga mja'
Don (m)	ဒွန်မြစ်	dun mja'
Lena (f)	လီနာမြစ်	li na mji'
Huang He (m)	မြစ်ဝါ	mji' wa
Yangzi Jiang (m)	ရမ်းစီးမြစ်	jan zi: mji'
Mékong (m)	မဲခေါင်မြစ်	me: gaun mji'
Gange (m)	ဂင်္ဂါမြစ်	gan ga. mji'
Nil (m)	နိုင်းမြစ်	nain: mji'
Congo (m)	ကွန်ဂိုမြစ်	kun gou mji'
Okavango (m)	အိုကာဝန်ဂိုမြစ်	ai' hou ban
Zambèze (m)	ဇမ်ဘီဇီမြစ်	zan bi zi: mji'
Limpopo (m)	လင်ပိုပိုမြစ်	lin po pou mji'
Mississippi (m)	မစ်စစ္စပီမြစ်	mi' si. si. pi. mji'

131. La forêt

forêt (f)	သစ်တော	thi' to:
forestier (adj)	သစ်တောနှင့်ဆိုင်သော	thi' to: hnin. zain de.
fourré (m)	ထူထပ်သောတော	htu da' te. do:
bosquet (m)	သစ်ပင်အုပ်	thi' pin ou'
clairière (f)	တောတွင်းလဟာပြင်	to: dwin: la. ha bjin
broussailles (f pl)	ချုံပိတ်ပေါင်း	choun bei' paun:
taillis (m)	ချုံထနောင်းတော	choun hta naun: de.
sentier (m)	လူသွားလမ်းကလေး	lu dhwa: lan: ga. lei:
ravin (m)	လျှို	shou
arbre (m)	သစ်ပင်	thi' pin

feuille (f)	သစ်ရွက်	thi' jwe'
feuillage (m)	သစ်ရွက်များ	thi' jwe' mja:
chute (f) de feuilles	သစ်ရွက်ကြွေခြင်း	thi' jwe' kjwei gjin:
tomber (feuilles)	သစ်ရွက်ကြွေသည်	thi' jwe' kjwei de
sommet (m)	အချုပ်း	ahpja:
rameau (m)	အကိုင်းခွဲ	akain: khwe:
branche (f)	ပင်မကိုင်း	pin ma. gain:
bourgeon (m)	အဖူး	ahpu:
aiguille (f)	အပ်နှင့်တူသောအရွက်	a' hnin. bu de. ajwe'
pomme (f) de pin	ထင်းရှူးသီး	htin: shu: dhi:
creux (m)	အခေါင်းပေါက်	akhaun: bau'
nid (m)	ငှက်သိုက်	hnge' thai'
terrier (m) (~ d'un renard)	မြေတွင်း	mjei dwin:
tronc (m)	ပင်စည်	pin ze
racine (f)	အမြစ်	amji'
écorce (f)	သစ်ခေါက်	thi' khau'
mousse (f)	ရေညှိ	jei hnji.
déraciner (vt)	အမြစ်မှဆွဲနုတ်သည်	amji' hma zwe: hna' te
abattre (un arbre)	ခုတ်သည်	khou' te
déboiser (vt)	တောပြုန်းစေသည်	to: bjoun: zei de
souche (f)	သစ်ငုတ်တို	thi' ngou' tou
feu (m) de bois	မီးပုံ	mi: boun
incendie (m)	မီးလောင်ခြင်း	mi: laun gjin:
éteindre (feu)	မီးသတ်သည်	mi: tha' de
garde (m) forestier	တောခေါင်း	to: gaun:
protection (f)	သစ်တောဝန်ထမ်း	thi' to: wun dan:
protéger (vt)	ထိန်းသိမ်းစောင့်ရှောက်သည်	htein: dhein: zaun. shau' te
braconnier (m)	မိုးယုသူ	khou' ju dhu
piège (m) à mâchoires	သံမကိထောင်ချောက်	than mani. daun gjau'
cueillir (champignons)	ဆွတ်သည်	hsu' te
cueillir (baies)	ရှုးသည်	khu: de
s'égarer (vp)	လမ်းပျောက်သည်	lan: bjau' de

132. Les ressources naturelles

ressources (f pl) naturelles	သယံဇာတ	thajan za da.
minéraux (m pl)	တွင်းထွက်ပစ္စည်း	twin: htwe' pji' si:
gisement (m)	နုန်း	noun:
champ (m) (~ pétrolifère)	ဓာတ်သတ္တုထွက်ရာမြေ	da' tha' tu dwe' ja mjei
extraire (vt)	တူးဖော်သည်	tu: hpo de
extraction (f)	တူးဖော်ခြင်း	tu: hpo gjin:
minerai (m)	သတ္တုရိုင်း	tha' tu. jain:
mine (f) (site)	သတ္တုတွင်း	tha' tu. dwin:
puits (m) de mine	မိုင်တွင်း	main: dwin:
mineur (m)	သတ္တုတွင်း အလုပ်သမား	tha' tu. dwin: alou' thama:

gaz (m)	ဓာတ်ငွေ့	da' ngwei.
gazoduc (m)	ဓါတ်ငွေ့ပိုက်လိုင်း	da' ngwei. bou' lain:

pétrole (m)	ရေနံ	jei nan
pipeline (m)	ရေနံပိုက်လိုင်း	jei nan bou' lain:
tour (f) de forage	ရေနံတွင်း	jei nan dwin:
derrick (m)	ရေနံစင်	jei nan zin
pétrolier (m)	လောင်စာတင်သင်္ဘော	laun za din dhin bo:

sable (m)	သဲ	the:
calcaire (m)	ထုံးကျောက်	htoun: gjau'
gravier (m)	ကျောက်စရစ်	kjau' sa. ji'
tourbe (f)	မြေဆွေးခဲ	mjei zwei: ge:
argile (f)	မြေစေး	mjei zei:
charbon (m)	ကျောက်မီးသွေး	kjau' mi dhwei:

fer (m)	သံ	than
or (m)	ရွှေ	shwei
argent (m)	ငွေ	ngwei
nickel (m)	နီကယ်	ni ke
cuivre (m)	ကြေးနီ	kjei: ni

zinc (m)	သွပ်	thu'
manganèse (m)	မဂ္ဂနီစ်	ma' ga. ni:s
mercure (m)	ပြဒါး	bada:
plomb (m)	ခဲ	khe:

minéral (m)	သတ္တုဇာတ်	tha' tu. za:
cristal (m)	သလင်းကျောက်	thalin: gjau'
marbre (m)	စကျင်ကျောက်	zagjin kjau'
uranium (m)	ယူရေနီယမ်	ju rei ni jan

La Terre. Partie 2

133. Le temps

temps (m)	ရာသီဥတု	ja dhi nja. tu.
météo (f)	မိုးလေဝသခန့်	mou: lei wa. dha. gan.
	မှန်းချက်	hman: gje'
température (f)	အပူချိန်	apu gjein
thermomètre (m)	သာမိုမီတာ	tha mou mi ta
baromètre (m)	လေဖိအားတိုင်းကိရိယာ	lei bi. a: dain: gi. ji. ja
humide (adj)	စိုထိုင်းသော	sou htain: de
humidité (f)	စိုထိုင်းမှု	sou htain: hmu.
chaleur (f) (canicule)	အပူရှိန်	apu shein
torride (adj)	ပူလောင်သော	pu laun de.
il fait très chaud	ပူလောင်ခြင်း	pu laun gjin:
il fait chaud	နွေးခြင်း	nwei: chin:
chaud (modérément)	နွေးသော	nwei: de.
il fait froid	အေးခြင်း	ei: gjin:
froid (adj)	အေးသော	ei: de.
soleil (m)	နေ	nei
briller (soleil)	သာသည်	tha de
ensoleillé (jour ~)	နေသာသော	nei dha de.
se lever (vp)	နေထွက်သည်	nei dwe' te
se coucher (vp)	နေဝင်သည်	nei win de
nuage (m)	တိမ်	tein
nuageux (adj)	တိမ်ထူသော	tein du de
nuée (f)	မိုးတိမ်	mou: dain
sombre (adj)	ညို့မှိုင်းသော	njou. hmain: de.
pluie (f)	မိုး	mou:
il pleut	မိုးရွာသည်	mou: jwa de.
pluvieux (adj)	မိုးရွာသော	mou: jwa de.
bruiner (v imp)	မိုးဖွဲဖွဲရွာသည်	mou: bwe: bwe: jwa de
pluie (f) torrentielle	သည်းထန်စွာရွာသောမိုး	thi: dan zwa jwa dho: mou:
averse (f)	မိုးပုထိန်	mou: bu. zain
forte (la pluie ~)	မိုးသည်းသော	mou: de: de.
flaque (f)	ရေအိုင်	jei ain
se faire mouiller	မိုးမိသည်	mou: mi de
brouillard (m)	မြူ	mju
brumeux (adj)	မြူထူထပ်သော	mju htu hta' te.
neige (f)	နှင်း	hnin:
il neige	နှင်းကျသည်	hnin: gja. de

134. Les intempéries. Les catastrophes naturelles

orage (m)	မိုးသက်မုန်တိုင်း	mou: dhe' moun dain:
éclair (m)	လျှပ်စီး	hlja' si:
éclater (foudre)	လျှပ်ပြက်သည်	hlja' pje' te
tonnerre (m)	မိုးကြိုး	mou: kjou:
gronder (tonnerre)	မိုးကြိုးပစ်သည်	mou: gjou: pi' te
le tonnerre gronde	မိုးကြိုးပစ်သည်	mou: gjou: pi' te
grêle (f)	မိုးသီး	mou: dhi:
il grêle	မိုးသီးကြွေသည်	mou: dhi: gjwei de
inonder (vt)	ရေကြီးသည်	jei gji: de
inondation (f)	ရေကြီးမှု	jei gji: hmu.
tremblement (m) de terre	ငလျင်	nga ljin
secousse (f)	တုန်ခါခြင်း	toun ga gjin:
épicentre (m)	ငလျင်ဗဟိုချက်	nga ljin ba hou che'
éruption (f)	မီးတောင်ပေါက်ကွဲခြင်း	mi: daun pau' kwe: gjin:
lave (f)	ချော်ရည်	cho ji
tourbillon (m)	လေဆင်နှာမောင်း	lei zin hna maun:
tornade (f)	လေဆင်နှာမောင်း	lei zin hna maun:
typhon (m)	တိုင်ဖွန်းမုန်တိုင်း	tain hpun moun dain:
ouragan (m)	ဟာရီကိန်းမုန်တိုင်း	ha ji gain: moun dain:
tempête (f)	မုန်တိုင်း	moun dain:
tsunami (m)	ဆူနာမိ	hsu na mi
cyclone (m)	ဆိုင်ကလုန်းမုန်တိုင်း	hsain ga. loun: moun dain:
intempéries (f pl)	ဆိုးရွားသောရာသီဥတု	hsou: jwa: de. ja dhi u. tu.
incendie (m)	မီးလောင်ခြင်း	mi: laun gjin:
catastrophe (f)	ဘေးအန္တရာယ်	bei: an daje
météorite (m)	ဥက္ကာခဲ	ou' ka ge:
avalanche (f)	ရေခဲနှင့်ကျောက်တုံးများထိုးကျခြင်း	jei ge: hnin kjau' toun: mja: htou: gja. gjin:
éboulement (m)	လေတိုက်ပြီးဖြစ်နေသောနင်းပို	lei dou' hpji: bi' nei dho: hnin: boun
blizzard (m)	နှင်းမုန်တိုင်း	hnin: moun dain:
tempête (f) de neige	နှင်းမုန်တိုင်း	hnin: moun dain:

La faune

135. Les mammifères. Les prédateurs

prédateur (m)	သားရဲ	tha: je:
tigre (m)	ကျား	kja:
lion (m)	ခြင်္သေ့	chin dhei.
loup (m)	ဝံပုလွေ	wun bu. lwei
renard (m)	မြေခွေး	mjei gwei:
jaguar (m)	ဂျာဂွာကျားသစ်မျိုး	gja gwa gja: dhi' mjou:
léopard (m)	ကျားသစ်	kja: dhi'
guépard (m)	သစ်ကျွတ်	thi' kjou'
panthère (f)	ကျားသစ်နက်	kja: dhi' ne'
puma (m)	ပြူးမားတောင်ခြင်္သေ့	pju. ma: daun gjin dhei.
léopard (m) de neiges	ရေခဲတောင်ကျားသစ်	jei ge: daun gja: dhi'
lynx (m)	လင့်ကြောင်မျီးတို	lin. gjaun mji: dou
coyote (m)	ဝံပုလွေငယ်တစ်မျိုး	wun bu. lwei nge di' mjou:
chacal (m)	ခွေးအ	khwei: a.
hyène (f)	ဟိုင်းအီးနား	hain i: na:

136. Les animaux sauvages

animal (m)	တိရစ္ဆာန်	tharei' hsan
bête (f)	ခြေလေးချောင်းသတ္တဝါ	chei lei: gjaun: dhadawa
écureuil (m)	ရှဉ့်	shin.
hérisson (m)	ဖြူကောင်	hpju gaun
lièvre (m)	တောယုန်ကြီး	to: joun gji:
lapin (m)	ယုန်	joun
blaireau (m)	ခွေးတူဝက်တူကောင်	khwei: du we' tu gaun
raton (m)	ရက္ကွန်းဝံ	je' kwan: wan
hamster (m)	မြီးတိုပါးတွဲကြွက်	mji: dou ba: dwe: gjwe'
marmotte (f)	မားမွတ်ကောင်	ma: mou. t gaun
taupe (f)	ပွေး	pwei:
souris (f)	ကြွက်	kjwe'
rat (m)	မြေကြွက်	mjei gjwe'
chauve-souris (f)	လင်းနို့	lin: nou.
hermine (f)	အားမင်ကောင်	a: min gaun
zibeline (f)	ဆေဘယ်	hsei be
martre (f)	အသားစားအကောင်ငယ်	atha: za: akaun nge
belette (f)	သားစားဖျံ	tha: za: bjan
vison (m)	မင့်ခမွေပါ	min kh mjwei ba

castor (m)	ဖျံကြီးတစ်မျိုး	hpjan gji: da' mjou:
loutre (f)	ဖျံ	hpjan
cheval (m)	မြင်း	mjin:
élan (m)	ဦးချိုပြားသော သမင်ကြီး	u: gjou bja: dho: thamin gji:
cerf (m)	သမင်	thamin
chameau (m)	ကုလားအုတ်	kala: ou'
bison (m)	အမေရိကန်ပြောင်	amei ji kan pjaun
aurochs (m)	အောရက်စ်	o: re' s
buffle (m)	ကျွဲ	kjwe:
zèbre (m)	မြင်းကျား	mjin: gja:
antilope (f)	အပြေးမြန်သော တောဆိတ်	apjei: mjan de. hto: zei'
chevreuil (m)	ဒရယ်ငယ်တစ်မျိုး	da. je nge da' mjou:
biche (f)	ဒရယ်	da. je
chamois (m)	တောင်ဆိတ်	taun zei'
sanglier (m)	တောဝက်ထီး	to: we' hti:
baleine (f)	ဝေလငါး	wei la. nga:
phoque (m)	ပင်လယ်ဖျံ	pin le bjan
morse (m)	ဝါရတ်စ်ဖျံ	wo: ra's hpjan
ours (m) de mer	အမွေးပါသော ပင်လယ်ဖျံ	amwei: pa dho: bin le hpjan
dauphin (m)	လင်းပိုင်	lin: bain
ours (m)	ဝက်ဝံ	we' wun
ours (m) blanc	ဝိုလာဝက်ဝံ	pou la we' wan
panda (m)	ပန်ဒါဝက်ဝံ	pan da we' wan
singe (m)	မျောက်	mjau'
chimpanzé (m)	ချင်ပင်ဇီမျောက်ဝံ	chin pin zi mjau' wan
orang-outang (m)	အောရန်အူတန်လူဝံ	o ran u tan lu wun
gorille (m)	ဂေါရီလာမျောက်ဝံ	go ji la mjau' wun
macaque (m)	မာကာဂွေးမျောက်	ma ga gwei mjau'
gibbon (m)	မျောက်လွှဲကျော်	mjau' hlwe: gjo
éléphant (m)	ဆင်	hsin
rhinocéros (m)	ကြံ့	kjan.
girafe (f)	သစ်ကုလားအုတ်	thi' ku. la ou'
hippopotame (m)	ရေမြင်း	jei mjin:
kangourou (m)	သားပိုက်ကောင်	tha: bai' kaun
koala (m)	ကိုအာလာဝက်ဝံ	kou a la we' wun
mangouste (f)	မြွေပါ	mwei ba
chinchilla (m)	ချင်းချီလာ	chin: chi la
mouffette (f)	စကန့်ခ်ဖျံ	sakan. kh hpjan
porc-épic (m)	ဖြူ	hpju

137. Les animaux domestiques

chat (m) (femelle)	ကြောင်	kjaun
chat (m) (mâle)	ကြောင်ထီး	kjaun di:
chien (m)	ခွေး	khwei:

cheval (m)	မြင်း	mjin:
étalon (m)	မြင်းထီး	mjin: di:
jument (f)	မြင်းမ	mjin: ma.
vache (f)	နွား	nwa:
taureau (m)	နွားထီး	nwa: di:
bœuf (m)	နွားထီး	nwa: di:
brebis (f)	သိုး	thou:
mouton (m)	သိုးထီး	thou: hti:
chèvre (f)	ဆိတ်	hsei'
bouc (m)	ဆိတ်ထီး	hsei' hti:
âne (m)	မြည်း	mji:
mulet (m)	လား	la:
cochon (m)	ဝက်	we'
pourceau (m)	ဝက်ကလေး	we' ka lei:
lapin (m)	ယုန်	joun
poule (f)	ကြက်	kje'
coq (m)	ကြက်ဖ	kje' pha.
canard (m)	ဘဲ	be:
canard (m) mâle	ဘဲထီး	be: di:
oie (f)	ဘဲငန်း	be: ngan:
dindon (m)	ကြက်ဆင်	kje' hsin
dinde (f)	ကြက်ဆင်	kje' hsin
animaux (m pl) domestiques	အိမ်မွေးတိရစ္ဆာန်များ	ein mwei: ti. ji. swan mja:
apprivoisé (adj)	ယဉ်ပါးသော	jin ba: de.
apprivoiser (vt)	ယဉ်ပါးစေသည်	jin ba: zei de
élever (vt)	သားပေါက်သည်	tha: bau' te
ferme (f)	စိုက်ပျိုးမွေးမြူရေးခြံ	sai' pjou: mwei: mju jei: gjan
volaille (f)	ကြက်ဉှက်တိရစ္ဆာန်	kje' ti ji za hsan
bétail (m)	ကျွဲနွားတိရစ္ဆာန်	kjwe: nwa: tarei. zan
troupeau (m)	အုပ်	ou'
écurie (f)	မြင်းဇောင်း	mjin: zaun:
porcherie (f)	ဝက်ခြံ	we' khan
vacherie (f)	နွားတင်းကုပ်	nwa: din: gou'
cabane (f) à lapins	ယုန်အိမ်	joun ein
poulailler (m)	ကြက်လှောင်အိမ်	kje' hlaun ein

138. Les oiseaux

oiseau (m)	ငှက်	hnge'
pigeon (m)	ခို	khou
moineau (m)	စာကလေး	sa ga. lei:
mésange (f)	စာဝတီငှက်	sa wadi: hnge'
pie (f)	ငှက်ကျား	hnge' kja:
corbeau (m)	ကျီးနက်	kji: ne'

corneille (f)	ကျီးကန်း	kji: kan:
choucas (m)	ဥရောပကျီးတစ်မျိုး	u. jo: pa gji: di' mjou:
freux (m)	ကျီးအ	kji: a.
canard (m)	ဘဲ	be:
oie (f)	ဘဲငန်း	be: ngan:
faisan (m)	ရစ်ငှက်	ji' hnge'
aigle (m)	လင်းယုန်	lin: joun
épervier (m)	သိမ်းငှက်	thain: hnge'
faucon (m)	အမဲလိုက်သိမ်းငှက်တစ်မျိုး	ame: lai' thein: hnge' ti' mjou:
vautour (m)	လင်းတ	lin: da.
condor (m)	တောင်အမေရိကလင်းတ	taun amei ri. ka. lin: da.
cygne (m)	ငန်း	ngan:
grue (f)	ငှက်ကုလား	hnge' ku. la:
cigogne (f)	ချည်ခင်ဇူပ်ငှက်	che gin zu' hnge'
perroquet (m)	ကြက်တူရွေး	kje' tu jwei:
colibri (m)	ငှက်ပိတုန်း	hnge' pi. doun:
paon (m)	ဥဒေါင်း	u. daun:
autruche (f)	ငှက်ကုလားအုတ်	hnge' ku. la: ou'
héron (m)	ဗျိုင်းငှက်	nga hi' hnge'
flamant (m)	ကြိုးကြာနီ	kjou: kja: ni
pélican (m)	ငှက်ကြီးဝမ်းဘို	hnge' kji: wun bou
rossignol (m)	တေးဆိုငှက်	tei: hsou hnge'
hirondelle (f)	ပျံလွှား	pjan hlwa:
merle (m)	မြေလူးငှက်	mjei lu: hnge'
grive (f)	တေးဆိုမြေလူးငှက်	tei: hsou mjei lu: hnge'
merle (m) noir	ငှက်မည်း	hnge' mji:
martinet (m)	ပျံလွှားတစ်မျိုး	pjan hlwa: di' mjou:
alouette (f) des champs	ဘီလုံးငှက်	bi loun: hnge'
caille (f)	ငုံး	ngoun:
pivert (m)	သစ်တောက်ငှက်	thi' tau' hnge'
coucou (m)	ဥသျှင်ငှက်	udhja hnge'
chouette (f)	ဇီးကွက်	zi: gwe
hibou (m)	သိမ်းငှက်အနွယ်ဝင်ဇီးကွက်	thain: hnge' anwe win zi: gwe:
tétras (m)	ရစ်	ji'
tétras-lyre (m)	ရစ်နက်	ji' ne'
perdrix (f)	ခါ	kha
étourneau (m)	ကျွဲဆက်ရက်	kjwe: hse' je'
canari (m)	စာဝါငှက်	sa wa hnge'
gélinotte (f) des bois	ရစ်ညို	ji' njou
pinson (m)	စာကျွဲခေါင်း	sa gjwe: gaun:
bouvreuil (m)	စာကျွဲခေါင်းငှက်	sa gjwe: gaun: hngwe'
mouette (f)	စင်ရော်	sin jo
albatros (m)	ပင်လယ်စင်ရော်ကြီး	pin le zin jo gji:
pingouin (m)	ပင်ဂွင်း	pin gwin:

139. Les poissons. Les animaux marins

brème (f)	ငါးကြင်းတစ်မျိုး	nga: gjin: di' mjou
carpe (f)	ငါးကြင်း	nga gjin:
perche (f)	ငါးပြမတစ်မျိုး	nga: bjei ma. di' mjou:
silure (m)	ငါးခူ	nga: gu
brochet (m)	ပိုက်ငါး	pai' nga
saumon (m)	ဆော်လမွန်ငါး	hso: la. mun nga:
esturgeon (m)	စတာဂျင်ငါးကြီးမျိုး	sata gjin nga: gji: mjou:
hareng (m)	ငါးသလောက်	nga: dha. lau'
saumon (m) atlantique	ဆော်လမွန်ငါး	hso: la. mun nga:
maquereau (m)	မက်ကရယ်ငါး	me' ka. je nga:
flet (m)	ဉရောပ ငါးခွေး လျှာတစ်မျိုး	u. jo: pa nga: gwe: sha di' mjou:
sandre (f)	ငါးပြမအန္ဝယ် ဝင်းငါးတစ်မျိုး	nga: bjei ma. anwe win nga: di' mjou:
morue (f)	ငါးကြီးဆီထုတ်သောငါး	nga: gji: zi dou' de. nga:
thon (m)	တူနာငါး	tu na nga:
truite (f)	ထရောက်ငါး	hta. jau' nga:
anguille (f)	ငါးရှဉ့်	nga: shin.
torpille (f)	ငါးလက်ထုံ	nga: le' htoun
murène (f)	ငါးရှဉ့်ကြီးတစ်မျိုး	nga: shin. gji: da' mjou:
piranha (m)	အသားစားငါးငယ်တစ်မျိုး	atha: za: nga: nge ti' mjou:
requin (m)	ငါးမန်း	nga: man:
dauphin (m)	လင်းပိုင်	lin: bain
baleine (f)	ဝေလငါး	wei la. nga:
crabe (m)	ကကန်း	kanan:
méduse (f)	ငါးဖန်ခွက်	nga: hpan gwe'
pieuvre (f), poulpe (m)	ရေဘဝဲ	jei ba. we:
étoile (f) de mer	ကြယ်ငါး	kje nga:
oursin (m)	သိပြပ်	than ba. gjou'
hippocampe (m)	ရေနဂါး	jei naga:
huître (f)	ကမာကောင်	kama kaun
crevette (f)	ပုဇွန်	bazun
homard (m)	ကျောက်ပုဇွန်	kjau' pu. zun
langoustine (f)	ကျောက်ပုဇွန်	kjau' pu. zun

140. Les amphibiens. Les reptiles

serpent (m)	မြွေ	mwei
venimeux (adj)	အဆိပ်ရှိသော	ahsei' shi. de.
vipère (f)	မြွေပွေး	mwei bwei:
cobra (m)	မြွေပေါက်	mwei hau'
python (m)	စပါးအုံးမြွေ	saba: oun: mwei

boa (m)	စပါးကြီးမြွေ	saba: gji: mwei
couleuvre (f)	မြက်လျှောမြွေ	mje' sho: mwei
serpent (m) à sonnettes	ခလောက်ဆွဲမြွေ	kha. lau' hswe: mwei
anaconda (m)	အနာကွန်ဒါမြွေ	ana kun da mwei

lézard (m)	တွားသွားသတ္တဝါ	twa: dhwa: tha' tawa
iguane (m)	ဖွတ်	hpu'
varan (m)	ပုတ်သင်	pou' thin
salamandre (f)	ရေပွတ်သင်	jei bou' thin
caméléon (m)	ပုတ်သင်ညို	pou' thin njou
scorpion (m)	ကင်းမြီးကောက်	kin: mji: kau'

tortue (f)	လိပ်	lei'
grenouille (f)	ဖား	hpa:
crapaud (m)	ဖားပြုပ်	hpa: bju'
crocodile (m)	မိကျောင်း	mi. kjaun:

141. Les insectes

insecte (m)	ပိုးမွှား	pou: hmwa:
papillon (m)	လိပ်ပြာ	lei' pja
fourmi (f)	ပုရွက်ဆိတ်	pu. jwe' hsei'
mouche (f)	ယင်ကောင်	jin gaun
moustique (m)	ခြင်	chin
scarabée (m)	ပိုးတောင်မာ	pou: daun ma

guêpe (f)	နကျယ်ကောင်	na. gje gaun
abeille (f)	ပျား	pja:
bourdon (m)	ပိတုန်း	pi. doun:
œstre (m)	မှက်	hme'

araignée (f)	ပင့်ကူ	pjin. gu
toile (f) d'araignée	ပင့်ကူအိမ်	pjin gu ein

libellule (f)	ပုစဉ်း	bazin
sauterelle (f)	နှံကောင်	hnan gaun
papillon (m)	ပိုးဖလံ	pou: ba. lan

cafard (m)	ပိုးဟပ်	pou: ha'
tique (f)	မွှား	hmwa:
puce (f)	သန်း	than:
moucheron (m)	မှက်အသေးစား	hme' athei: za:

criquet (m)	ကျိုင်းကောင်	kjain: kaun
escargot (m)	ခရု	khaju.
grillon (m)	ပုရစ်	paji'
luciole (f)	ပိုးစုံးကြူး	pou: zoun: gju:
coccinelle (f)	လေဒီဘတ်ပိုးတောင်မာ	lei di ba' pou: daun ma
hanneton (m)	အုန်းပိုး	oun: bou:

sangsue (f)	မျှော့	hmjo.
chenille (f)	ပေါက်ဖက်	pau' hpe'
ver (m)	တီကောင်	ti gaun
larve (f)	ပိုးတုံးလုံး	pou: doun: loun:

La flore

142. Les arbres

arbre (m)	သစ်ပင်	thi' pin
à feuilles caduques	ရွက်ပြုတ်	jwe' pja'
conifère (adj)	ထင်းရှူးပင်နှင့်ဆိုင်သော	htin: shu: bin hnin. zain de.
à feuilles persistantes	အဲဘားရရှင်းပင်	e ba: ga rin: bin
pommier (m)	ပန်းသီးပင်	pan: dhi: bin
poirier (m)	သစ်တော်ပင်	thi' to bin
merisier (m)	ချယ်ရီသီးအချိုပင်	che ji dhi: akjou bin
cerisier (m)	ချယ်ရီသီးအချဉ်ပင်	che ji dhi: akjin bin
prunier (m)	ဆီးပင်	hsi: bin
bouleau (m)	ဘုဇဝတ်ပင်	bu. za. ba' pin
chêne (m)	ဝက်သစ်ချပင်	we' thi' cha. bin
tilleul (m)	လင်ဒန်ပင်	lin dan pin
tremble (m)	ပေါပ်လာပင်တစ်မျိုး	po. pa. la bin di' mjou:
érable (m)	မေပယ်ပင်	mei pe bin
épicéa (m)	ထင်းရှူးပင်တစ်မျိုး	htin: shu: bin ti' mjou:
pin (m)	ထင်းရှူးပင်	htin: shu: bin
mélèze (m)	ကတောပုံထင်းရှူးပင်	ka dau. boun din: shu: pin
sapin (m)	ထင်းရှူးပင်တစ်မျိုး	htin: shu: bin ti' mjou:
cèdre (m)	သစ်ကတိုးပင်	thi' gadou: bin
peuplier (m)	ပေါပ်လာပင်	po. pa. la bin
sorbier (m)	ရာအန်ပင်	ra an bin
saule (m)	မိုးမခပင်	mou: ma. ga. bin
aune (m)	အိုလ်ဒါပင်	oun da bin
hêtre (m)	ယင်းသစ်	jin: dhi'
orme (m)	အမ်ပင်	an bin
frêne (m)	အက်ရှအပင်	e' sh apin
marronnier (m)	သစ်အယ်ပင်	thi' e
magnolia (m)	တတိုင်းမွှေးပင်	ta tain: hmwei: bin
palmier (m)	ထန်းပင်	htan: bin
cyprès (m)	စိုက်ပရက်စ်ပင်	sai' pa. je's pin
palétuvier (m)	လမုပင်	la. mu. bin
baobab (m)	ကန္တာရပေါက်ပင်တစ်မျိုး	kan ta ja. bau' bin di' chju:
eucalyptus (m)	ယူကာလစ်ပင်	ju kali' pin
séquoia (m)	ဆီကွိုလာပင်	hsi gwou la pin

143. Les arbustes

buisson (m)	ချုံပုတ်	choun bou'
arbrisseau (m)	ချုံ	choun

vigne (f)	စပျစ်	zabji'
vigne (f) (vignoble)	စပျစ်ခြံ	zabji' chan
framboise (f)	ရတ်စဘယ်ရီ	re' sa be ji
cassis (m)	ဘလက်ကားရန့်	ba. le' ka: jan.
groseille (f) rouge	အနီရောင်ဘယ်ရီသီး	ani jaun be ji dhi:
groseille (f) verte	ကုလားဆီးဖြူပင်	kala: zi: hpju pin
acacia (m)	အကေရှားပင်	akei sha: bin:
berbéris (m)	ဘားဘယ်ရီပင်	ba: be' ji bin
jasmin (m)	စံပယ်ပင်	san be bin
genévrier (m)	ဂျူနီပါပင်	gju ni ba bin
rosier (m)	နှင်းဆီချုံ	hnin: zi gjun
églantier (m)	တောရှင်းနှင်းဆီပင်	to: ein: hnin: zi bin

144. Les fruits. Les baies

fruit (m)	အသီး	athi:
fruits (m pl)	အသီးများ	athi: mja:
pomme (f)	ပန်းသီး	pan: dhi:
poire (f)	သစ်တော်သီး	thi' to dhi:
prune (f)	ဆီးသီး	hsi: dhi:
fraise (f)	စတော်ဘယ်ရီသီး	sato be ri dhi:
cerise (f)	ချယ်ရီရှဉ့်သီး	che ji gjin dhi:
merise (f)	ချယ်ရီချိုသီး	che ji gjou dhi:
raisin (m)	စပျစ်သီး	zabji' thi:
framboise (f)	ရတ်စဘယ်ရီ	re' sa be ji
cassis (m)	ဘလက်ကားရန့်	ba. le' ka: jan.
groseille (f) rouge	အနီရောင်ဘယ်ရီသီး	ani jaun be ji dhi:
groseille (f) verte	ကလားဆီးဖြူ	ka. la: his: hpju
canneberge (f)	ကရမ်ဘယ်ရီ	ka. jan be ji
orange (f)	လိမ္မော်သီး	limmo dhi:
mandarine (f)	ပျားလိမ္မော်သီး	pja: lein mo dhi:
ananas (m)	နာနတ်သီး	na na' dhi:
banane (f)	ငှက်ပျောသီး	hnge' pjo: dhi:
datte (f)	စွန်ပလွံသီး	sun palun dhi:
citron (m)	သံပုရာသီး	than bu. jou dhi:
abricot (m)	တရုတ်ဆီးသီး	jau' hsi: dhi:
pêche (f)	မက်မွန်သီး	me' mwan dhi:
kiwi (m)	ကီဝီသီး	ki wi dhi
pamplemousse (m)	ဂရိတ်ဖရုသီး	ga. ri' hpa. ju dhi:
baie (f)	ဘယ်ရီသီး	be ji dhi:
baies (f pl)	ဘယ်ရီသီးများ	be ji dhi: mja:
airelle (f) rouge	အနီရောင်ဘယ်ရီသီးတစ်မျိုး	ani jaun be ji dhi: di: mjou:
fraise (f) des bois	စတော်ဘယ်ရီရိုင်	sato be ri jain:
myrtille (f)	ဘီလဘယ်ရီအသီး	bi' l be ji athi:

145. Les fleurs. Les plantes

fleur (f)	ပန်း	pan:
bouquet (m)	ပန်းစည်း	pan: ze:
rose (f)	နှင်းဆီပန်း	hnin: zi ban:
tulipe (f)	ကျူးလစ်ပန်း	kju: li' pan:
oeillet (m)	ဇော်မွှားပန်း	zo hmwa: bin:
glaïeul (m)	သစ္စာပန်း	thi' sa ban:
bleuet (m)	အပြာရောင်တောပန်းတစ်မျိုး	apja jaun dho ban: da' mjou:
campanule (f)	ခေါင်းရန်းအပြာပန်း	gaun: jan: apja ban:
dent-de-lion (f)	တောပန်းအဝါတစ်မျိုး	to: ban: awa ti' mjou:
marguerite (f)	မွှေးမြုံပန်း	mei. mjou. ban:
aloès (m)	ရှားစောင်းလက်ပတ်ပင်	sha: zaun: le' pa' pin
cactus (m)	ရှားစောင်းပင်	sha: zaun: bin
ficus (m)	ရော်ဘာပင်	jo ba bin
lis (m)	နှင်းပန်း	hnin: ban:
géranium (m)	ကြွေပန်းတစ်မျိုး	kjwei ban: da' mjou:
jacinthe (f)	ဗေဒါပန်း	bei da ba:
mimosa (m)	ထိကရုံကြီးပင်	hti. ga. joun: gji: bin
jonquille (f)	နားစိဆက်ပင်	na: zi ze's pin
capucine (f)	တောင်ကြာကလေး	taun gja galei:
orchidée (f)	သစ်ခွပင်	thi' khwa. bin
pivoine (f)	စန္ဒပန်း	san dapan:
violette (f)	ဝိုင်းအိုးလက်	bain: ou le'
pensée (f)	ပေါင်ဒါပန်း	paun da ban:
myosotis (m)	ခင်မမေ့ပန်း	khin ma. mei. pan:
pâquerette (f)	ဒေဇီပန်း	dei zi bin
coquelicot (m)	ဘိန်းပင်	bin: bin
chanvre (m)	ဆေးခြောက်ပင်	hsei: chau' pin
menthe (f)	ပူစီနံ	pu zi nan
muguet (m)	နှင်းပန်းတစ်မျိုး	hnin: ban: di' mjou:
perce-neige (f)	နှင်းခေါင်းလောင်းပန်း	hnin: gaun: laun: ban:
ortie (f)	ဖက်ယားပင်	hpe' ja: bin
oseille (f)	မော်ချဉ်ပင်	hmjo gji bin
nénuphar (m)	ကြာ	kja
fougère (f)	ဖန်းပင်	hpan: bin
lichen (m)	သစ်ကပ်မှော်	thi' ka' hmo
serre (f) tropicale	ဖန်လုံအိမ်	hpan ain
gazon (m)	မြက်ခင်း	mje' khin:
parterre (m) de fleurs	ပန်းစိုက်ခင်း	pan: zai' khan:
plante (f)	အပင်	apin
herbe (f)	မြက်	mje'
brin (m) d'herbe	ရွက်ချွန်း	jwe' chun:

feuille (f)	အရွက်	ajwa'
pétale (m)	ပွင့်ချပ်	pwin: gja'
tige (f)	ပင်စည်	pin ze
tubercule (m)	ဉမြစ်	u. mi'

| pousse (f) | အစို့အညှောက် | asou./a hnjau' |
| épine (f) | ဆူး | hsu: |

fleurir (vi)	ပွင့်သည်	pwin: de
se faner (vp)	ညှိုးနွမ်းသည်	hnjou: nun: de
odeur (f)	အနံ့	anan.
couper (vt)	ရိတ်သည်	jei' te
cueillir (fleurs)	ခူးသည်	khu: de

146. Les céréales

grains (m pl)	နံစားပင်တို့၏ အစေ့အဆံ	hnan za: bin dou. i. asei. ahsan
céréales (f pl) (plantes)	ကောက်ပဲသီးနံ	kau' pe: dhi: nan
épi (m)	အနံ	ahnan

blé (m)	ဂျုံ	gja. mei: ka:
seigle (m)	ဂျုံရိုင်း	gjoun jain:
avoine (f)	မြင်းစားဂျုံ	mjin: za: gjoun
millet (m)	ကောက်ပဲသီးနံပင်	kau' pe: dhi: nan bin
orge (f)	မူယောစပါး	mu. jo za. ba:

maïs (m)	ပြောင်းဖူး	pjaun: bu:
riz (m)	ဆန်စပါး	hsan zaba
sarrasin (m)	ပန်းဂျုံ	pan: gjun

pois (m)	ပဲစေ့	pe: zei.
haricot (m)	ဗိုလ်စားပဲ	bou za: be:
soja (m)	ပဲပုပ်ပဲ	pe: bou' pe
lentille (f)	ပဲနီကလေး	pe: ni ga. lei:
fèves (f pl)	ပဲအမျိုးမျိုး	pe: amjou: mjou:

LES PAYS DU MONDE. LES NATIONALITÉS

147. L'Europe de l'Ouest

Europe (f)	ဥရောပ	u. jo: pa
Union (f) européenne	ဥရောပသမဂ္ဂ	u. jo: pa dha: me' ga.
Autriche (f)	ဩစတြီးယား	o. sa. tji: ja:
Grande-Bretagne (f)	အင်္ဂလန်	angga. lan
Angleterre (f)	အင်္ဂလန်	angga. lan
Belgique (f)	ဘယ်လ်ဂျီယံ	be l gji jan
Allemagne (f)	ဂျာမန်	gja man
Pays-Bas (m)	နယ်သာလန်	ne dha lan
Hollande (f)	ဟော်လန်	ho lan
Grèce (f)	ဂရိ	ga. ri.
Danemark (m)	ဒိန်းမတ်	dein: ma'
Irlande (f)	အိုင်ယာလန်	ain ja lan
Islande (f)	အိုက်စလန်း	ai' sa lan:
Espagne (f)	စပိန်	sapein
Italie (f)	အီတလီ	ita. li
Chypre (m)	ဆူးပရက်စ်	hsu: pa. je' s te.
Malte (f)	မာတာ	ma ta
Norvège (f)	နော်ဝေး	no wei:
Portugal (m)	ပေါ်တူဂီ	po tu gi
Finlande (f)	ဖင်လန်	hpin lan
France (f)	ပြင်သစ်	pjin dhi'
Suède (f)	ဆွီဒင်	hswi din
Suisse (f)	ဆွစ်ဇာလန်	hswa' za lan
Écosse (f)	စကော့တလန်	sa. ko: talan
Vatican (m)	ဗာတီကန်	ba di gan
Liechtenstein (m)	ဗာတီကန်လူမျိုး	ba di gan dhu mjo:
Luxembourg (m)	လူဇဆန်ဘော့	lju hsan bo.
Monaco (m)	မိုနာကို	mou na kou

148. L'Europe Centrale et l'Europe de l'Est

Albanie (f)	အယ်လ်ဘေးနီးယား	e l bei: ni: ja:
Bulgarie (f)	ဘူလ်ဂေးရီးယား	bou gei: ji: ja
Hongrie (f)	ဟန်ဂေရီ	han gei ji
Lettonie (f)	လတ်ဗီယန်	la' bi jan
Lituanie (f)	လစ်သူနီယံ	li' thu ni jan
Pologne (f)	ပိုလန်	pou lan

Roumanie (f)	ရူမေးနီးယား	ru mei: ni: ja:
Serbie (f)	ဆယ်ဗိယံ	hse bi jan.
Slovaquie (f)	ဆလိုဘာကီယာ	hsa. lou ba ki ja

Croatie (f)	ခရိုအေးရှား	kha. jou ei: sha:
République (f) Tchèque	ချက်	che'
Estonie (f)	အက်စ်တိုးနီးယား	e's to' ni: ja:

Bosnie (f)	ဘော့စနီးယားနှင့်ဟာ ဇီဂိုဗီနာ	bo'. ni: ja: hnin. ha zi gou bi na
Macédoine (f)	မက်ဆီဒိုးနီးယား	me' hsi: dou: ni: ja:
Slovénie (f)	ဆလိုဗီနီးယား	hsa. lou bi ni: ja:
Monténégro (m)	မွန်တနိဂရို	mun dan ni ga. jou

149. Les pays de l'ex-U.R.S.S.

| Azerbaïdjan (m) | အာဇာဘိုင်ဂျန် | a za bain gjin: |
| Arménie (f) | အာမေးနီးယား | a me: ni: ja: |

Biélorussie (f)	ဘီလာရုစ်	bi la ju'
Géorgie (f)	ဂျော်ဂျီယာ	gjo gji ja
Kazakhstan (m)	ကာဇက်စတန်	ka ze' satan
Kirghizistan (m)	ကစ်ရှိကစ္စတန်	ki' ji ki' za. tan
Moldavie (f)	မိုဒိုဗာ	mou dou ja

| Russie (f) | ရုရှား | ru. sha: |
| Ukraine (f) | ယူကရိန်း | ju ka. jein: |

Tadjikistan (m)	တာဂျစ်ကစ္စတန်	ta gji' ki' sa. tan
Turkménistan (m)	တပ်မင်နိစ္စတန်	ta' min ni' sa. tan
Ouzbékistan (m)	ဥဇဘက်ကစ္စတန်	u. za. be' ki' sa. tan

150. L'Asie

Asie (f)	အာရှ	a sha.
Vietnam (m)	ဗီယက်နမ်	bi je' nan
Inde (f)	အိန္ဒိယ	indi. ja
Israël (m)	အစ္စရေး	a' sa. jei:

Chine (f)	တရုတ်	tajou'
Liban (m)	လက်ဘနွန်	le' ba. nun
Mongolie (f)	မွန်ဂိုလီးယား	mun gou li: ja:

| Malaisie (f) | မလေးရှား | ma. lei: sha: |
| Pakistan (m) | ပါကစ္စတန် | pa ki' sa. tan |

Arabie (f) Saoudite	ဆော်ဒီအာရေဗီးယား	hso: di a jei. bi: ja:
Thaïlande (f)	ထိုင်း	htain:
Taïwan (m)	ထိုင်ဝမ်	htain wan
Turquie (f)	တူရကီ	tu ra. ki
Japon (m)	ဂျပန်	gja pan
Afghanistan (m)	အာဖဂန်နစ္စတန်	apha. gan na' tan

Bangladesh (m)	ဘင်္ဂလားဒေ့ရှ်	bang la: dei. sh
Indonésie (f)	အင်ဒိုနီးရှား	in do ni: sha:
Jordanie (f)	ဂျော်ဒန်	gjo dan
Iraq (m)	အီရတ်	ira'
Iran (m)	အီရန်	iran
Cambodge (m)	ကမ္ဘောဒီးယား	ga khan ba di: ja:
Koweït (m)	ကူဝိတ်	ku wi'
Laos (m)	လာအို	la ou
Myanmar (m)	မြန်မာ	mjan ma
Népal (m)	နီပေါ	ni po:
Fédération (f) des Émirats Arabes Unis	အာရပ်နိုင်ငံများ	a ra' nain ngan mja:
Syrie (f)	ဆီးရီးယား	hsi: ji: ja:
Palestine (f)	ပါလက်စတိုင်း	pa le' sa tain:
Corée (f) du Sud	တောင်ကိုရီးယား	taun kou ri: ja:
Corée (f) du Nord	မြောက်ကိုရီးယား	mjau' kou ji: ja:

151. L'Amérique du Nord

Les États Unis	အမေရိကန် ပြည်ထောင်စု	amei ji kan pji htaun zu
Canada (m)	ကနေဒါနိုင်ငံ	ka. nei da nain gan
Mexique (m)	မက္ကဆီကိုနိုင်ငံ	me' ka. hsi kou nain ngan

152. L'Amérique Centrale et l'Amérique du Sud

Argentine (f)	အာဂျင်တီးနား	agin ti: na:
Brésil (m)	ဘရာဇီးလ်	ba. ra zi'l
Colombie (f)	ကိုလံဘီးယား	kou lan: bi: ja:
Cuba (f)	ကျူးဘား	kju: ba:
Chili (m)	ချီလီ	chi li
Bolivie (f)	ဘိုလစ်ဗီးယား	bou la' bi: ja:
Venezuela (f)	ဗယ်နီဇွဲလား	be ni zwe: la:
Paraguay (m)	ပါရာဂွေး	pa ja gwei:
Pérou (m)	ပီရူး	pi ju:
Surinam (m)	ဆူရီနမ်း	hsu. ji nei:
Uruguay (m)	အူရူဂွေး	ou. ju gwei:
Équateur (m)	အီကွေဒေါ	i kwei: do:
Bahamas (f pl)	ဘာဟားမက်	ba ha me'
Haïti (m)	ဟိုင်တီ	hain ti
République (f) Dominicaine	ဒိုမီနီကန်	dou mi ni kan
Panamá (m)	ပနားမား	pa. na: ma:
Jamaïque (f)	ဂျမေးကား	g'me:kaa:

153. L'Afrique

Égypte (f)	အီဂျစ်	igji'
Maroc (m)	မော်ရိုကို	mo jou gou
Tunisie (f)	တူနီးရှား	tu ni' sha:
Ghana (m)	ဂါနာ	ga na
Zanzibar (m)	ဇန်ဇီဘာ	zan zi ba
Kenya (m)	ကင်ညာ	kin nja
Libye (f)	လီဗီယာ	li bi ja
Madagascar (f)	မာဒဂက်ကာစကာ	ma de' ka za ga
Namibie (f)	နမီးဘီးယား	nami: bi: ja:
Sénégal (m)	ဆယ်နီဂေါ်	hse ni go
Tanzanie (f)	တန်ဇားနီးယား	tan za: ni: ja:
République (f) Sud-africaine	တောင်အာဖရိကာ	taun a hpa. ji. ka.

154. L'Australie et Océanie

Australie (f)	သြစတြေးလျ	thja za djei: lja
Nouvelle Zélande (f)	နယူးဇီလန်	na. ju: zi lan
Tasmanie (f)	တက်စ်မေးနီးယား	ta. s mei: ni: ja:
Polynésie (f) Française	ပြင်သစ် ပေါ်လီးနီးရှား	pjin dhi' po li: ni: sha:

155. Les grandes villes

Amsterdam (f)	အမ်စတာဒမ်မြို့	an za ta dan mjou.
Ankara (m)	အန်ကာရာမြို့	an ga ja mjou.
Athènes (m)	အေသင်မြို့	e thin mjou.
Bagdad (m)	ဘဂ္ဂဒက်မြို့	ba' ga. da mjou.
Bangkok (m)	ဘန်ကောက်မြို့	ban gou' mjou.
Barcelone (f)	ဘာစီလိုနာမြို့	ba zi lou na mjou.
Berlin (m)	ဘာလင်မြို့	ba lin mjou.
Beyrouth (m)	ဘီရုမြို့	bi ja ju. mjou.
Bombay (m)	မွန်ဘိုင်းမြို့	mun bain mjou.
Bonn (f)	ဘွန်းမြို့	bwun: mjou.
Bordeaux (f)	ဘော်ဒိုးမြို့	bo dou: mjou.
Bratislava (m)	ဘရာတာဆလာဘာမြို့	ba. ra ta' hsa. la ba mjou.
Bruxelles (m)	ဘရပ်ဆဲလ်မြို့	ba. ja' hse:' mjou.
Bucarest (m)	ဗူးချရက်မြို့	bu: ga. ja' mjou.
Budapest (m)	ဘူဒါပတ်စ်မြို့	bu da pa' s mjou.
Caire (m)	ကိုင်ရိုမြို့	kain jou mjou.
Calcutta (f)	ကာလကတ္တားမြို့	ka la ka' ta mjou.
Chicago (f)	ချီကာဂိုမြို့	chi ka gou mjou.
Copenhague (f)	ကိုပင်ဟေးဂင်မြို့	kou pin hei: gin mjou.
Dar es-Salaam (f)	ဒါရုစလမ်မြို့	da ju za. lan mjou.
Delhi (f)	ဒေလီမြို့	dei li mjou.

Dubaï (f)	ဒူဘိုင်းမြို့.	du bain mjou.
Dublin (f)	ဒဗ်လင်မြို့.	da' ba lin mjou.
Düsseldorf (f)	ဂျူဆော့်ဒေါ်ဖ်မြို့.	gju hse' do. hp mjou.
Florence (f)	ဖလောရန့်စ်မြို့.	hpa. lau jan s mjou.
Francfort (f)	ဖရန့်ဖတ်မြို့.	hpa. jan. hpa. t. mjou.
Genève (f)	ဂျီနီဗာမြို့.	gja. ni ba mjou.
Hague (f)	ဒဟာဂူမြို့.	da. ha gu: mjou.
Hambourg (f)	ဟန်းဘတ်မြို့.	han: ba. k mjou.
Hanoi (f)	ဟနွိုင်းမြို့.	ha. noin: mjou.
Havane (f)	ဟာဗားနားမြို့.	ha ba: na: mjou.
Helsinki (f)	ဟယ်လ်ဆင်ကီမြို့.	he l hsin ki mjou.
Hiroshima (f)	ဟီရိုရှီးမားမြို့.	hi jou si: ma: mjou.
Hong Kong (m)	ဟောင်ကောင်မြို့.	haun: gaun: mjou.
Istanbul (f)	အစ္စတန်ဘူလ်မြို့.	a' sa. tan bun mjou.
Jérusalem (f)	ဂျေရုဆလင်မြို့.	gjei jou hsa. lin mjou.
Kiev (f)	ကီးယက်မြို့.	ki: je' mjou.
Kuala Lumpur (f)	ကွာလာလမ်ပူမြို့.	kwa lan pu mjou.
Lisbonne (f)	လစ်စဘွန်းမြို့.	li' sa bun: mjou.
Londres (m)	လန်ဒန်မြို့.	lan dan mjou.
Los Angeles (f)	လော့အိန်ဂျလီမြို့.	lau in gja. li mjou.
Lyon (f)	လိုင်ယွန်မြို့.	lain jun mjou.
Madrid (f)	မတ်ဒရစ်မြို့.	ma' da. ji' mjou.
Marseille (f)	မာရ်ဆေးမြို့.	ma zei: mjou.
Mexico (f)	မက္ကဆီကိုမြို့.	me' ka. hsi kou mjou.
Miami (f)	မီရာမီမြို့.	mi ja mi mjou.
Montréal (f)	မွန်ထရီရယ်မြို့.	mun da. ji je mjou.
Moscou (f)	မော်စကိုမြို့.	ma sa. kou mjou.
Munich (f)	မြူးနစ်မြို့.	mju: ni' mjou.
Nairobi (f)	နိုင်ရိုဘီမြို့.	nain jou bi mjo.
Naples (f)	နီပေါမြို့.	ni po: mjou.
New York (f)	နယူးယောက်မြို့.	na. ju: jau' mjou.
Nice (f)	နိစ်မြို့.	nai's mjou.
Oslo (m)	အော်စလိုမြို့.	o sa lou mjou.
Ottawa (m)	အော့တာဝါမြို့.	o. ta wa mjou.
Paris (m)	ပဲရစ်မြို့.	pe: ji' mjou.
Pékin (m)	ပီကင်းမြို့.	pi gin: mjou.
Prague (m)	ပရဂ်မြို့.	pa. ra' mjou.
Rio de Janeiro (m)	ရီယိုဒေးဂျန်နီယိုမြို့.	ri jou dei: gjan ni jou mjou.
Rome (f)	ရောမမြို့.	ro: ma. mjou.
Saint-Pétersbourg (m)	စိန့်ပီတာစဘတ်မြို့.	sein. pi ta za ba' mjou.
Séoul (m)	ဆိုးလ်မြို့.	hsou: l mjou.
Shanghai (m)	ရှန်ဟိုင်းမြို့.	shan hain: mjou.
Sidney (m)	စစ်ဒနေမြို့.	si' danei mjou.
Singapour (f)	စင်္ကာပူ	sin ga pu
Stockholm (m)	စတော့ဟုမ်းမြို့.	sato. houn: mjou.
Taipei (m)	တိုင်ပေမြို့.	tain bei mjou.
Tokyo (m)	တိုကျိုမြို့.	tou gjou mjou.
Toronto (m)	တိုရွန်တိုမြို့.	tou run tou mjou.

Varsovie (f)	ဝါဆောမြို့	wa so mjou.
Venise (f)	ဗင်းနစ်မြို့	bin: na' s mjou.
Vienne (f)	ဗီယင်နာမြို့	bi jin na mjou.
Washington (f)	ဝါရှင်တန်မြို့	wa shin tan mjou.

www.ingramcontent.com/pod-product-compliance
Lightning Source LLC
Chambersburg PA
CBHW070554050426
42450CB00011B/2855